우주에서 본 한반도

우주에서 본 한반도

북녘을 향한
물음에

인공위성이
답하다

임철희 지음

21세기북스 ✕ ⬡ 통일부
국립통일교육원

시간과 공간 이야기

[누가^{Who}, 언제^{When}, 어디서^{Where}, 무엇을^{What}, 어떻게^{How}, 왜^{Why}]라는 육하원칙을 우리는 어린 시절 모두가 배워왔다. 사실을 전달하는 문서작성이나 문제해결에 유용한 원칙으로, 현재도 사회 전반에서 사용되고 있다. 여기서 두 번째, 세 번째가 '시간'과 '공간'이다.

시간과 공간, 어렵거나 철학적으로 보일 수 있지만, 기초교육 과정에서 비교하면, 역사를 시간의 관점으로, 지리는 공간의 관점으로 이해할 수 있다. 역사는 지나온 시간 동안 발생한 수많은 사건을 통해 지혜를 얻고 미래를 대비하는 역할을 해왔다. 지리의 경우 과거에는 신대륙을 발견하거나, 미지의 섬을 탐험하고, 지구 둘레를 측정하는 등 새로운 것을 발견해 내는 역할을 해냈다. 최근에는 정확하고 세밀한 정보를 통해 우리의 의사

결정을 돕는 역할을 하고 있다. 내비게이션이나 구글·네이버·카카오 등의 지도 서비스가 대표적이다.

시간과 공간을 역사적 사건으로 보면 조금 이해가 쉬울까. 서기 313년, 지중해 주변에서는 밀라노 칙령으로 기독교가 로마제국에서 인정받던 시기, 동아시아 한반도에서는 고구려가 낙랑군을 몰아냈다. 시간이 흘러, 1919년 한반도에서는 3·1운동이 한창이던 시기, 유럽에서는 제1차 세계대전 종결의 후속 조치인 베르사유 조약이 체결되고 있었다. 수천 년이 지나는 동안 유럽과 한반도라는 공간은 그대로였으나, 그 시기 번성했던 문명이나 중요했던 이슈는 사라졌다. 하지만 반대로 보면, 지나는 시간 동안 모든 공간은 무수히 변해갔다. 1950년대, 전쟁 후 폐허였던 대한민국은 푸른 숲과 빛나는 도시로 변모했다. 그저 논밭이었던 1960년대 초까지의 서울 한강 건너편은, 2020년대에 집값 평당 1억 원이 넘는 강남이 되어버렸다.

어쩌면 시간과 공간의 변화를 2020년대 남녘과 북녘의 모습을 통해 조금은 이해할 수 있다. 70여 년이라는 동일한 시간을 지나오는 동안 공간은 조금 다르게 변모한 남과 북이다.

시간과 공간은 서로 다르지만, 함께 할 때 시너지가 나는 동료와 같다. 우주에서 보는 지구, 조금 더 자세히 '한반도'는 시간과 공간의 만남 같은 이야기다. 지금 한반도의 모습은 그저 공간이지만, 어제의 한반도와 내일의 한반도 또한 지켜보고 있기에 비로소 시공간이 되었다.

차례

IV.   우주에서 본 한반도의 모습들 - 북한 군사·정치

I

우주에서
한반도를 보는 방법

한반도를 보는
또 하나의 눈

'한반도를 보는 또 하나의 눈'이라, 이것을 조금 더 이해하기 위해 몇 가지 사진을 같이 보도록 하자. 그림 1은 무엇을 촬영한 사진일까?

책 표지를 보아하니 인공위성으로 어딘가를 관측했을 것이라 예상은 하고 있을 텐데, 쉽게 알아맞히긴 어려운 사진이다. 바다도 있는 것 같고, 하얀 것은 눈인 것 같기도 하고…. 이런 풍경은 한국말을 쓰는 독자들에게 익숙하진 않다. 한 가지 힌트를 주자면, 우리 땅은 아닌데, 우리나라 사람들이 공식적으로 지내고 있는 곳이다. 또 한 가지 힌트는 [62° 13' S, 58° 47' W]이다.

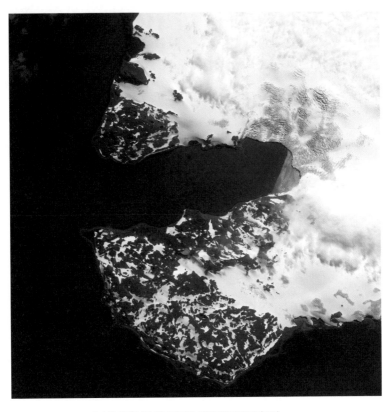

그림 1   KOMPSAT-2호가 촬영한 남극 킹조지섬의 세종과학기지 주변 모습

답은 1988년 설립된 국내 최초의 남극 기지인, '세종과학기지'와 주변 모습이다. 왼쪽의 어두운 부분은 바다, 오른쪽 하얀 부분은 눈, 짙은 회색 부분은 눈이 녹아 육지가 일부 드러난 지역이다. 그림 가운데에서 왼쪽 하단을 보면 육지의 끝부분에 붉은(주황색) 구조물들이 보일 것이다. 그 작은 점들이 지구 반대편에서 남극을 연구하고 대원들이 상주하는 공간이다. 서울에서 17,240km 떨어진, 이역만리異域萬里 타국을 넘어 이역'사Four'만 리, 그야말로 지구 반대편이다. 흥미로운 건 지구 반대편에서 근무하는 한국 대원들을 한국의 인공위성인 아리랑위성KOMPSAT이 관측한 위성영상이라는 점이다. 인공위성은 한반도에서나 지구 반대편 남극에서나 우리를 지켜보고 있다.

두 번째 사진(그림 2)은 난이도를 조금 낮추어 보자. 여러분 모두가 알고 있는 곳이며, 심지어 우리나라 영토에 속한 곳이다. 힌트를 주자면, 필자는 이곳에 가보기 위해 여권이 필요했다. 힌트가 아이러니한데, 이 아이러니함이 힌트다. 또 한 가지 힌트를 주자면, 이 지역은 한반도에서 가장 높은 곳이다. 이쯤 되면 대부분 정답에 근접했으리라.

정답은 우리 민족의 명산, 한반도에서 가장 높은(2,744m) 산, 백두산 천지를 우주에서 본 모습이다. 그런데 이 답을 알고

그림 2   KOMPSAT-2호가 촬영한 백두산 천지의 모습

서도 아이러니함이 사라지지 않는다. 왜 우리 영토이며, 왜 우리는 여권이 필요할까. 대한민국 헌법상 영토를 '한반도와 그 부속 도서'로 규정하고 있으므로 백두산도 우리나라의 영토이지만, 실효 지배하고 있지 못하기에 방문이 어렵다. 대신 중국 영토를 거쳐 우회하면 천지의 북서 사면을 탐방할 수 있다. 북한과 중국 간의 조약을 통해 백두산 천지의 절반이 중국령이 된 것이 다행인 걸까. 여전히 우리의 헌법상 이를 인정하지 않으므로 통일이 되면 이 문제는 다시 다뤄질 것이다.

자, 이제 마지막 문제이다. 그림 3 여기는 여러분 대부분이 방문했던 곳이며, 언론이나 미디어에도 자주 등장한다. 다만, 위에서 본 적이 자주 없을 뿐이다. 앞선 그림1과 그림2의 지역에 가기 위해 들러야 할 곳이기도 하다.

정답은 대한민국과 한반도의 대표적 허브Hub인 인천국제공항이다. 아래쪽의 터미널 1과 위쪽의 터미널 2, 이륙을 준비하는 수많은 항공기가 보인다.

지금까지 세 사진의 공통점은 무엇일까? 모두 같은 인공위성으로 관측한 위성영상이다. 우리나라가 운용 중인 아리랑위성KOMPSAT이 보고 있는 지구였다. 흔히 가보지 못하는 곳을 보

그림 3 KOMPSAT-2호가 촬영한 인천국제공항의 모습

여주었고, 우리 영토임에도 닿을 수 없는 곳, 그리고 자주 가는 곳이지만 인공위성은 새로운 시각으로 우리를 안내했다.

이 책을 통해 아리랑위성^{KOMPSAT}을 비롯한 많은 위성이 지구와 한반도를 관측하면서 우리는 무엇을 볼 수 있는지 살펴보도록 하자.

지구를 보는 눈, 인공위성

대한민국의 누리호 발사 성공, 미국의 Space X를 비롯한 많은 기업의 우주산업 진출 등 2020년대 들어 우주에 대한 인류의 관심은 더욱 뜨겁다. 과학기술의 발전이 지구로 한정되어 있던 인류의 영역을 우주로 확대한 것이다. 그럼에도 여전히 지구가 아닌 새로운 터전을 찾지는 못하였고, 많은 우주기술은 지구를 향하고 있다. 그 지구를 향한 우주기술은 바로 '인공위성'이다.

2023년 1월부터 5월까지 전 세계에서 우주로 쏘아 올린 인공위성만 1,200개가 넘는다. 1950년대 소련의 스푸트니크 위성이 처음으로 우주 시대를 연 후, 60년 이상이 지난 현재 수만 개의 인공위성이 우주에 존재한다. 모두 알겠지만, 그래도 다시

한번 기억하자. 지구의 비 인공^{Non-artificial}위성은 달^{Moon} 하나뿐이다. 아무튼 인류가 쏘아 올린 인공위성은 지구의 진짜 위성인 달보다 가까이, 밤하늘에 보이는 별보다 많이, 지구를 둘러싸고 있다.

인공위성의 역할은 그 숫자 만큼이나 다양하다.

냉전 시대에 처음으로 개발된 역사에서처럼, 가장 첫 번째 역할은 군사적 용도였다. 군사적 용도 안에서도 정찰위성, 항법위성, 통신위성 등 그 분류와 역할이 많다. 이 책에서 다루겠지만, 북한에서 미사일을 쏘고, 핵실험을 하면 하루가 채 지나지 않아 발각되는 이유가 군사위성들이 있기 때문이다. 물론, 최근에는 상업위성들이 관측하고 먼저 공개하기도 하지만.

비군사적 용도를 가진 위성을 우리는 민간위성이라고 한다. 남성 청춘들이 군대에 갔다가, 전역을 명 받으면 민간인이 되는 것과 같은 의미이다. 민간위성에는 우리에게 가장 익숙한 유형이 '통신위성'인데, TV나 라디오 통신 등에 사용되었다. 특히 최근에는 저궤도 통신위성으로 광케이블보다 빠른 온라인 통신환경을 만들려고 한다. 대표적 사례가 미국 일론 머스크의 Space X이며, 위성통신 서비스 '스타링크^{Starlink}'를 위해 우주에 42,000개의 통신위성을 쏘아 올리고 있다.

가끔 접할 수 있는 위성은 '기상위성'이라고 볼 수 있다. TV나 숏폼^{Short-form}으로 뉴스를 보다가 일기예보만 나오면 함께 등장하는 영상이 바로 이 녀석이다. 특히 태풍이나 호우가 오는 기간에는 스마트폰 앱 속에서도 자주 보게 되는 데이터나 지도들이 기상위성에서 보내온 자료들이다.

또한, 언제 본 적이 있나 싶지만, 우리 생활 속에 녹아들어 있는 유형이 '지구관측위성'이다. 이름 그대로 지구를 관측하는 모든 위성을 아우르는 용어이지만, 군사적 정찰위성이나 기상관측용 위성을 제외한 위성들이라고 볼 수 있다. 우리가 구글 지도에서, 혹은 네이버 지도나 카카오 지도에서 쉽게 만날 수 있는 화면이다. 네이버 계정에 저장된 필자의 맛집 지도 또한 지구관측위성 지도 위에서 항상 별표로 표시되어 있다.

그 외에도 우주를 관측하거나, 과학연구를 위한 위성 등 다양한 역할들이 존재한다.

주지하다시피, 이 책은 넓은 의미에서의 '지구관측위성'에 관한 이야기이다.

인공위성으로 보는 한반도

지구를 관측하는 인공위성으로 가장 할 일이 많은 지역 중 하나가 바로 '한반도'이다. 군사적으로는 휴전 상황이므로 휴전선 이북 지역을 정찰하는 역할이 매우 크고, 민간인들에게는 쉽게 방문할 수 없는 곳을 조금이나마 이해할 수 있도록 도와준다. 특히 2023년에는 북한의 정찰위성 발사 실패와 성공(?)* 사건으로 한반도에서 인공위성 이슈가 뜨겁다. 물론 우리나라의 정찰위성도 2023년 12월 초 발사되었고 성공적으로 궤도에 안착했다.

　　대한민국에서 북한을 볼 수 있는 곳은 파주나 고성 등에 있는 통일전망대가 유일했다. 필자도 어린 시절, 그리고 사실 몇 해 전에도 통일전망대에서 망원경으로 북쪽 땅을 바라본 적이 있다. 파주에서는 개성공단이 보였고, 고성에서는 화창한 날 저곳이 해금강임을 흐릿하게나마 알 수 있었다. 거기까지였다. 평양이나, 대동강, 묘향산 등 접경지역이 아닌 북한을 볼 수 있는 망원경은 없었다. 닿을 수 없는 곳, 육안으로 보지 못하는 지역을 볼 수 있는 방법은 우주에서 보는 방법이었다.

---

* 　2023년 11월 현재 발사가 성공인지 실패인지 아직 불분명하다.

종종 우리는 다양한 매스컴을 통해 한반도 북쪽의 소식을 접한다. 그중 조선중앙통신이나 로동신문 등 북한 언론사를 통한 소식들을 제외하면 대체로 지도나 위성사진이 함께 실려있는 것을 기억할 것이다. 우리나라의 국가정보원이나 미국 CIA(중앙정보국) 등과 같은 국가정보기구 외에도 민간재단이나 언론사, 상업위성 운용기업 등 많은 기관이 인공위성으로 북한을 지켜보고 있는 것이다.

　　이제 인공위성으로 한반도를 보는 방법에 대해 알아보자.

인공위성 원격탐사의
기초

원격탐사란?

인공위성이나 항공기, 최근에는 드론에 센서를 탑재하고 이를
이용하여 대상 물체에 접촉하지 않고 탐지하는 것을 우리는 '원
격탐사Remote Sensing'라고 부른다. 넓은 의미에서는 우리가 만지
지 않고 눈으로 탐색하는 것 또한 원격탐사의 일환이다. 필자
는 비행기에서 주로 창가에 앉아 창밖을 내려다보는 것을 즐기
는데, 이를 스스로 '원격탐사'라고 부른다. 농담 섞인 이야기지
만, 넓은 의미에서는 창밖을 내다보는 것도 원격탐사에 포함되
는 개념이다. 좁은 의미에서는 앞서 이야기한 대로, 인공위성이

그림 4 창밖에서 만나는 원격탐사 – 항공기에서 본 서울의 모습(2022. 9. 저자 촬영)

나 항공기, 드론 등에 탑재한 센서를 통해 지상과 대기의 다양한 정보를 얻는 것을 말한다.

일기예보 시간에 나오는 태풍이나 비구름이 올려진 지도, 언론사에서 발표하는 북한의 새로운 무기 개발 움직임들도 모두 원격탐사에 의해 알게 된 정보들이다. 물론, 앞서 본 위성사진이나 앞으로 나올 다양한 사진들이 모두 원격탐사의 산물이다. 원격탐사라는 용어는 생소했지만, 우리 실생활에 아주 가까이 있는 개념인 것이다.

이 책에서는 항공 원격탐사, 드론 원격탐사 등은 제외하고 '인공위성 원격탐사'만을 대상으로 한다. 북한을 포함한 한반도를 관찰하기에는 아쉽게도 항공기와 드론은 활용되지 못하기 때문이다. 즉, 우주에서 본 한반도의 모습들만을 다루고 있다.

인공위성 영상과 일반 사진의 다른 점?

인공위성에서 촬영한 사진을 우리는 위성영상이라고 부른다. 이 위성영상이 어렵게 느껴지는 독자들이 있으실 수 있으나, 실제로는 우리가 매일 흔히 사용하는 스마트폰 카메라와 크게 다르지 않다. 단지 우주에서 촬영했다는 것이 가장 다른 점이다.

디지털카메라에서는 중요하게 신경 쓰던 것이 화소^{Pixel} 수였다. 200백만 화소, 1,000만 화소 등 카메라의 발달이 화소 수의 증가로 이어지기도 했다. 또한 광학줌이 얼마나 가능한지에 따라 렌즈의 성능을 이야기하기도 한다. 3배 줌이 되기도 하고, 10배 줌, 때론 100배 줌이 된다고들 한다. 이러한 카메라의 스펙^{Spec}처럼 인공위성도 다양한 스펙을 갖는데, 학계에서는 이를 네 가지 해상도라고 표현한다.

먼저 '공간해상도'가 있다. 이는 각 화소의 크기를 말하는데, 디지털카메라의 화소와 매우 유사한 개념이며, 다만 측정하는 단위가 화소의 개수가 아닌, 영상 내 화소가 갖는 실제 세계에서 크기를 기준으로 설명한다. 즉, 공간해상도는 100㎡, 10㎡ 등으로 설명되며, 화소 크기가 100m×100m일 경우 10m×10m의 화소 크기를 갖는 위성영상에 비해 공간해상도가 낮다고 표현한다.

다음으로 시간해상도라는 개념이 있다. 시간해상도는 인공위성의 특성을 잘 보여주는 데, 우리가 관찰 카메라로 특정 공간을 지속해서 촬영하고 있다면 비슷한 개념이 있을 수 있지만, 일반 디지털카메라와는 다른 부분이다. 인공위성은 우주에서 궤도를 따라 지구의 정해진 영역을 관측하고 있으므로, 특정 시간 이후 같은 공간으로 돌아오게 된다. 이때 같은 영역을 관측하는 데 걸리는 시간을 우리는 시간해상도라고 말한다. 어떤 위성은 보름에 한 번 돌아오기도 하고, 어떤 위성은 매시간 관측하고 있기도 하다. 언제 우리의 관심 영역을 관측했는지가 위성 영상에서는 아주 중요한 부분이기에 시간해상도의 개념은 필수적이다.

그 외에 분광해상도와 방사 해상도가 있다. 분광해상도는 센서가 관측할 수 있는 빛의 영역대를 말하며, 대표적으로 우리 눈으로 보는 것과 같은 가시광선 영역, 적외선, 자외선, 마이크로파 등이 있다. 방사해상도는 디지털 영상이 갖는 밝기 정보의 양을 의미하는데, 일례로 0과 1로만 구분되면 흑과 백 두 가지 값만 표현할 수 있지만, 8비트 이미지에서는 빛에너지 값을 2^8로 표현할 수 있으므로 256단계로 구분할 수 있다.

결국 이 네 가지 해상도에 따라 우리가 관찰하고자 하는 대상을 어떤 인공위성으로 관측할지를 결정하게 된다.

우주에서 본 한반도의 모습들
– 북한 사회

우주에서 바라본
한반도의 야경

북한의 밤 풍경

낮 풍경은 태양에너지가 각 물체에서 반사된 빛으로 만들어지는데, 밤 풍경은 어떻게 만들어질까. 모두 한 번쯤은 늦은 밤 경치 좋은 곳에서 야경을 바라본 적이 있을 것이다. 이때 빛은 대부분 인공적으로 만들어진, 전기나 불로 만들어진 빛이다. 즉, 야경은 현대적 인간 활동의 산물로 볼 수 있다. 물론 달빛이나 반딧불이처럼 인공물 없이도 밤을 밝게 해주는 아름다운 빛들이 있지만, 우주에선 보이지 않기에 제외하도록 하자.

북한에서 공개한 그림 5와 같은 밤 풍경을 보면 평양도 화

그림 5 　월간조선 2023년 1월호에 실린 평양의 밤 풍경

려한 야경이 있을까 기대가 된다. 실체를 확인하기 위해 이번에
도 인공위성으로, 우주에서 밤 풍경을 본다.

인공위성에서 본 한반도의 야경

인공위성으로 지구를 관측할 때, 앞서 이야기했듯, 태양에너지
가 지구에서 복사되는 빛에너지를 활용하는 '수동형 센서'가 일
반적이므로, 낮 시간 관측이 기본이다. 특히 극궤도 위성의 경
우 11시부터 13시 사이의 그림자가 가장 적은 시간대에 관측하

는 것이 일반적이다. 여기서 '극궤도 위성'이란 지구 회전축을 포함하는 궤도로 남극과 북극을 지나면서 전 지구를 관측하는 위성을 말하며, 지구가 자전함에 따라 지구 전체를 관측할 수 있다. 아무튼 일반적인 지구관측위성은 이렇게 지구를 일부러 낮 시간대만 골라서 관측하므로 밤 시간 관측이 많지 않다.

그래도 미국 인공위성 중에 야간 관측을 하면서 인공조명을 구별하는 위성이 몇 가지 있다. 먼저, 미군에서 운용하는 DMSP^{Defense Meteorological Satellite Program}라는 위성이 있다. 1962년부터 현재가지 총 23기가 발사·운용되었으며, 이 위성은 적외선센서를 이용하여 인공조명과 자연광을 구분하고 추가 처리를 거쳐 야간 영상을 생산한다. Suomi NPP^{National Polar-orbiting Partnership}위성은 하루에 두 번 같은 곳을 방문하는 극궤도 위성인데, 한 번은 주간, 한 번은 야간에 지구 표면을 관측한다. 미항공우주국^{NASA}과 미해양대기국^{NOAA}이 운용하는데, 이 위성에 있는 VIIRS센서가 야간에 불빛을 탐지하는 기능을 한다. 불빛을 탐지하는 이 센서는 산불탐지에도 유용한 역할을 하고 있다.

먼저, DMSP 위성을 통해 1990년대부터 한반도의 야경을 확인해 보자. 남쪽의 경우 1990년대부터 2010년대까지 '밤^{Night}이 맞나?' 싶을 정도로 전 국토에 불빛이 퍼져있다. 반면, 북쪽의 경우 평양 외에는 일부 해안가나 북·중 국경에서 빛이 있

는 정도이다. 시간이 지나면서 약간의 차이를 보이는데, 여러
분들도 발견하셨을까? 자세히 보면, 북한은 1993년이 더 밝다
가, 한동안 더 어두워졌다가, 2013년에 조금 나아지는 것이 눈
에 띈다. 고난의 행군 시기에 전력이 부족했음이 인공위성에서
도 확인된 것이다. 남한은 야간에 계속 밝아 보여서 큰 차이를
못 느끼는데, 1990년대와 2010년대의 충청, 강원 등 비수도권
을 보면 야간조명이 많아졌음을 알 수 있다. 특히 제주도가 비
약적이다. 1990년대에는 섬에 야간 빛이 없는 부분이 많았는

그림 6 1993년 한반도의 야경(붉은 선은 국경을 의미)
▸▸ "알통" 앱으로 그림을 비춰보시면 더 많은 자료를 보실 수 있습니다

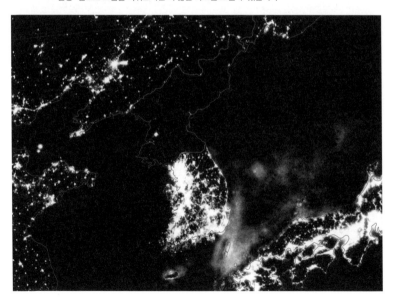

그림 7   2003년 한반도의 야경(붉은 선은 국경을 의미)
그림 8   2013년 한반도의 야경(붉은 선은 국경을 의미)

데, 2010년대에는 너무 밝다. 제주도의 인기와 투자가 몰리면서 2000년대 이후 많은 개발이 있었는데, 이런 점이 우주에서도 보인다.

혹시 바다 위에 하얀 점들이 무엇인지 예상하셨을까? 바다에 웬 빛들이 있지? 오류인가? 라고 생각했을 수 있는데, 바다에 조업을 나간 어선들이 사용하는 불빛이 관측된 것이다. 특히 오징어잡이 배에 가득 달린 조명으로 동해가 더 반짝이고 있다.

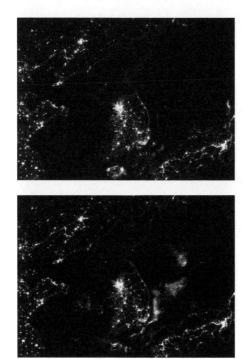

그림 9 2014년 5월(상)
그림 10 2014년 11월(하)

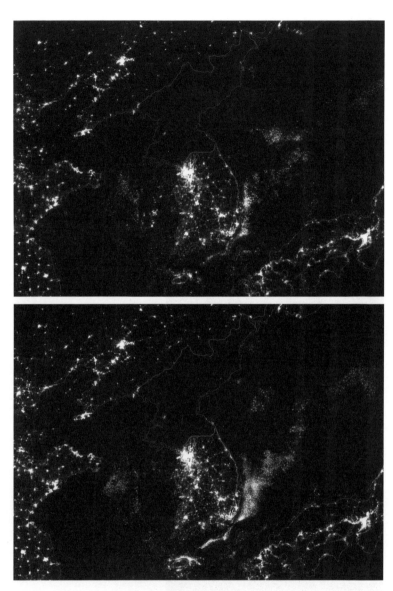

그림 11-12   2015년 11월(상) 2016년 11월(하)

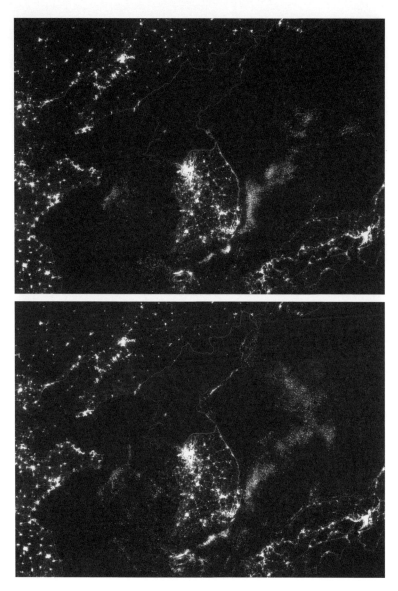

그림 13-14 2017년 11월(상) 2018년 11월(하)

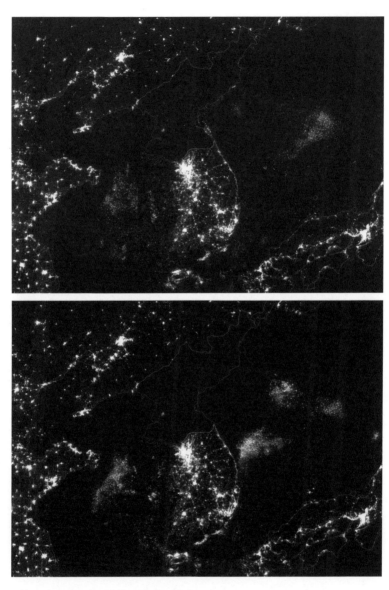

그림 15-16　2019년 11월(상) 2020년 11월(하)

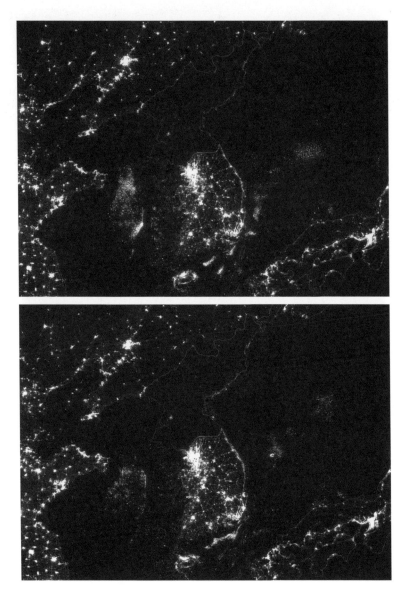

그림 17-18   2021년 11월(상) 2022년 11월(하)

그림 18 ▶▶ "알통" 앱으로 그림을 비춰보시면 더 많은 자료를 보실 수 있습니다

비교적 최근에 발사된 Suomi PNP 위성의 VIIRS 센서를 통해 최근 2014년도부터의 야경 변화를 보면 조금 다를까. 관측하는 센서가 다르니 색감이 달라진 것이 느껴진다. 색감은 달라도 남북의 상황은 그대로였다. 북한의 경우 2014년부터 2022년까지 보더라도 평양 이외에는 두드러진 빛이 보이지 않는다. 전기 사용량에서 남북 간 차이가 상당한 것을 설명하고 있다. 2014년은 5월, 11월 두 시기 지도가 있는데, 5월보다 11월 영상에서 바다 쪽 불빛이 많이 보인다. 이는 성어기인 가을철(9~11월)에 조업 활동이 활발하고 낮아지는 수온을 피해 떠나는 어종들을 잡기 위한 어획이 10월부터 활발해지기 때문이다. 북한에서도 11월 동해안에서 많은 불빛이 보인다. 이처럼 우주에서 본 야경은 그저 빛이 아니라, 사회경제적 현상을 대변하고 있다.

조금 더 확대해서 11월의 함경도 해안가를 COVID-19 팬데믹 이전(2018년, 2019년), 팬데믹 기간(2020년, 2021년), 그리고 어느 정도 해소된 2022년 이미지를 비교해 보자. 2018년 많은 빛이 관찰되고, 2019년에 다소 감소하다가, 2021년 눈에 띄게 불빛이 줄어든 것이 보인다. 팬데믹과 대북 제재의 영향으로 전력 수급과 경제활동 전반에 어려움이 있었던 것으로 예상할 수 있다. 2022년에는 다소 어업과 관련 활동이 살아나고 있는 것이 위성에서 확인된다. 몇 페이지 뒤 관련 내용이 나오는데, 2018~2019년은 석탄 채굴의 증가로 북한의 전력 수급이 가장 여유로웠던 시기로 확인되기도 한다.

그림 19-20 　2018년 11월(좌) 2019년 11월(우)
그림 21-22 　2020년 11월(좌) 2021년 11월(우)

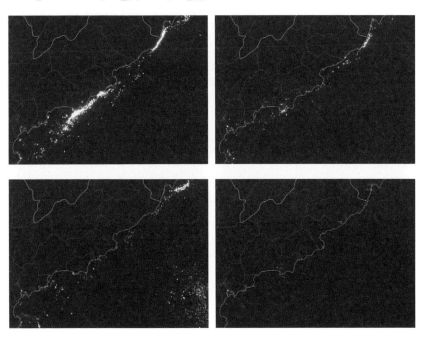

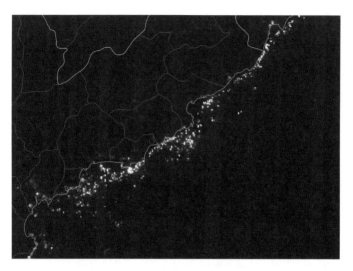

그림 23　2022년 11월
▶▶ "알통" 앱으로 그림을 비춰보시면 더 많은 자료를 보실 수 있습니다

　　일례로, 2022년 5월 30일 데일리NK의 보도[*]에 따르면, 평
안남도 소식통은 "전염병 사태로 주민들이 난국을 겪고 있는 상
황에서 정부는 지난 16일 북창화력발전소에 만가동 만부하로
전력 생산에 총집중해 필요 부문에 전기를 보장할 것을 국가비
상방역사령부의 이름으로 호소했다"라고 전했다. '나라 여기저
기에서 전기를 최대로 요구하는 비상시기다. 농촌에도 필요하고
방역과 의료보건 부문에는 더 말할 것도 없이 필요하다. 석탄,

[*]　　https://www.dailynk.com/20220530-2/

전력 부문 일꾼들과 노동계급들이 나라가 어려울 때 최대의 애국심을 발휘해 전기 생산이라는 한 고리를 맡아달라'는 호소문 격의 지시였다는 게 소식통의 전언이었다. 해당 보도에서 "북창화력발전소는 과거보다 점점 상태가 안 좋아지고 2년 코로나 봉쇄 기간 예비 부속도 부족해 보수도 제대로 하지 못한 상태"라며 "북창화력발전소가 전기를 더 생산할 수 없는 실정에서 국가가 전기를 더 생산하라고 명령도 아닌 호소를 하니 평안남도는 도내의 일부 전기를 끊고라도 필요한 부문 최대한 보장하기로 결정했다"라고 전했으니 당시 상황을 짐작해 볼 수 있다.

같은 시기 평양은 어땠을까? 그림 27에서 보면, 2020년에는 조금 위축된 것처럼 보이지만, 그 외 시기에는 큰 차이가 없는 모양새다. 국가 전반의 전력량 부족이나 팬데믹에도 큰 변화가 나타나진 않은 것이다. 나름 수도이니, 위용을 지켜낸 것일까.

인공위성으로 보니, 남과 북의 차이는 낮보다 밤에 더 크다는 것을 알게 되었다. 특히, 우주에서 보는 야경Nightlight은 경관Scenery으로서의 의미보다는 국가 혹은 지역의 경제적 지표와 상관성을 갖는 것으로 알려져 있으며, 특히 국가통계의 신뢰도가 떨어지는 지역의 경제지표 분석에 유용하게 활용되고 있다. 그럼, 왜 밤 풍경에서 남과 북이 큰 차이를 보였는지 잠시 통계들을 확인해 보자.

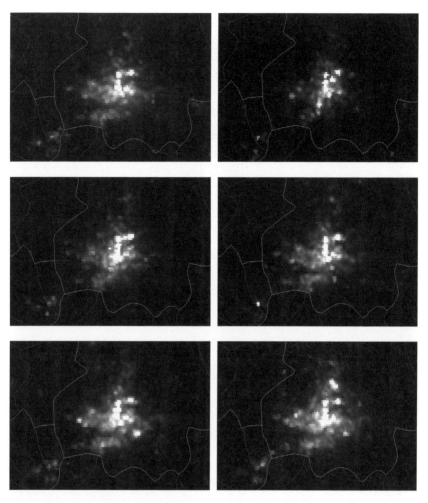

그림 24-25 2014년 11월(좌) 2018년 11월(우)
그림 26-27 2019년 11월(좌) 2020년 11월(우)
그림 28-29 2021년 11월(좌) 2022년 11월(우)

어두운 북한 야경의 원인

북한이 어두운 이유는 단연 전기를 비롯한 에너지가 부족한 데 있다. 얼마나 없길래 우주에서 봐도 티가 나는 걸까.

표 1 남북한의 일차 에너지 공급량 변화

일차 에너지 공급량(천 TOE)		
연도	북한	남한
1990	23,963	89,680
1995	17,280	145,618
2000	15,687	183,078
2005	17,127	211,344
2010	15,663	254,399
2011	12,589	269,199
2012	12,284	268,993
2013	10,630	269,531
2014	11,050	271,252
2015	8,700	276,793
2016	9,910	288,018
2017	11,240	296,719
2018	13,850	300,738
2019	13,770	297,612
2020	11,380	285,543
2021	11,910	300,544

출처: 북한 전기산업 정보포탈시스템

북한의 1차 에너지는 석탄, 석유, 수력 등으로 구성되어 있으며, 에너지 자급도는 2017년 기준 91.4% 석유는 원유 전량을 중국으로부터 수입한다. 2019년 1차 에너지 공급 규모는 13.8백만 TOE로 1990년 24.0백만 TOE의 57.5% 수준에 불과한데 이는 많은 에너지 생산설비가 제한적으로 가동되거나 가동이 중단된 상태에 있기 때문이다. 2020~2021년은 COVID-19 팬데믹 영향으로 그보다도 감소하여 2021년은 1990년 대비 49.6% 수준이다. 남한이 같은 기간 335% 증가했다는 것은 차마 북한엔 비밀로 하고 싶은 이야기다. 2021년 북한의 일차에너지 공급량은 남한의 고작 4% 수준이다.

　　에너지가 없으니 북한 주민들은 쓰지 못한다. 북한의 1차에너지 1인당 소비 규모는 2021년 0.47TOE로 남한 대비 7.9%에 불과하며, 한국의 1960년대 후반 수준이다. 또한 북한의 1990년 대비 39% 수준으로 줄어든 상황이다. 남북 간 1인당 에너지소비 규모 격차도 1990년 1.8배에서 2021년 12.6배로 확대되었다. 전기 생산으로 봐도 2018년 기준 북한의 총발전량은 249억kWh로 한국의 총발전량 5,706억kWh 대비 4.4% 수준에 불과하다.

표 2 **남북한의 1인당 에너지소비 추이**

연도	일차 에너지 공급량(천 TOE)		남북 비교 (b)/(a)
	북한(a)	남한(b)	
1990	1.19	2.17	1.8
1995	0.80	3.32	4.2
2000	0.69	4.11	6.0
2005	0.73	4.76	6.5
2010	0.65	5.33	8.2
2015	0.36	5.62	15.6
2016	0.40	5.73	14.3
2017	0.45	5.87	13.0
2018	0.56	5.96	10.6
2019	0.42	5.86	14.0
2020	0.45	5.64	12.5
2021	0.47	5.90	12.6

출처: 북한 전기산업 정보포탈시스템

전국적으로 에너지도 턱없이 부족하고, 인민은 전기를 쓰지 못하고 있다는 것이 우주에서도 보이는데, '당'은 다른 곳*에만 몰두하고 있는 현실이다.

---

* 　다른 곳이 어디인지, 힌트는 이 책의 'IV'

북한 사람들은 어디에서 살고 있을까?

북한의 인구변화

현재 북한의 인구는 약 2,570만명으로 추산되고 있으며, 남성이 48.9%, 여성이 51.1% 정도로 여성이 남성보다 많다. 우리 대한민국에 비해서 총인구는 절반 수준이며, 지난 10여 년 동안 소폭 증가했다(2014년에는 약 2,466만명). 대한민국의 경우에는 지난 10년 동안 큰 차이는 없는데, 인구감소세가 시작된 것이 가장 큰 특징일 것이다. 북한은 아직 인구 정점에 이르진 않았으나 인구성장은 둔화한 상황이다. 북한의 면적이 남한보다 크지만, 인구가 절반 수준인 것은, 산악지형이 많아 분단 시기에 남쪽에 인구가 더 많기도 하였고, 인구가 많이 증가해야 할 시기에 식량이 부족했던 것이 영향을 주기도 하였다.

그렇다면 이천오백만 북녘 동포들은 어디에 살고 있을까. 도시에 많이 살까? 아니면 농촌에 많이 살까? 막연한 상상 속에서는 북한 사람들은 민둥산 옆 회색 건물 같은 곳에 살고 있을 것 같은데, 실제로는 어떨지 인공위성으로 확인해 보도록 하자. 그 전에 국제 통계와 공간정보로 기본적 이해를 도울 수 있다.

세계은행의 통계에서는 농촌인구 비율이 2014년 약 40.6%에서 2021년 37.4%로 줄어들고 있다고 설명한다. 국내 통계청 북한통계에서는 도시화율을 확인할 수 있는데, 2000년 59.4%, 2014년 61.1%, 2023년 63.2%로, 세계은행 농촌인구 통계와 합치면 거의 100%가 되니, 양쪽 통계상에서 큰 차이는 없는 것 같다. 요약하면 약 60%가 도시에 살고, 40%가 농촌에 살고 있는데, 점차 도시인구가 늘어나고 있다는 이야기다. 생각보다 많은 사람이 도시에 살고 있다. 실제로 우리나라와 같은 선진국에서는 도시화율이 80% 수준이지만, 경제 수준이 유사한 국가들로 비교했을 때는 높은 수준의 도시화율이다. 주요 개도국의 도시화율을 살펴보면, 인도 35%, 중국 61%, 태국 51%, 필리핀

47.4%, 베트남 37.3%, 라오스 36.3% 등으로, 대부분 북한보다 낮다(2015~2020년 기준).

　북한 주민들은 도시가 살기 좋아서 온 것일까, 아니면 농촌이 살기 어려워서 도시로 온 것일까. 사실 북한은 개인의 자유로운 주거 이동을 허용하지 않기 때문에 도시화나 인구이동이 계획경제 프로그램에 의해 통제된다. 따라서 개인의 사회경제적 동기가 인구이동의 원인으로 작용하기 어렵다. 도시인구 비율이 증가하고 있긴 하지만, 급격한 변화가 나타나지 않았던 것은 이러한 원인에 기인하는 것이다.

　대한민국은 도시화와 과밀화가 사회문제 중 하나일 정도로, 일부 도시에 집중 현상이 두드러진다. 북한도 그럴까? 통계가 먼저 설명해 줄 수 있다. 북한의 수도인 평양의 인구가 300만 명을 넘어섰는데, 그 외에 100만 명 이상인 도시는 아직 없다. 평양 다음이 청진(65만 명), 함흥(54만 명), 원산(36만 명), 신의주(32만 명) 순이다. 도시화율에 비하면 큰 도시가 없는 편인데, 그렇다 보니 인공위성에서도 멀리서 보면 도시가 별로 없다. 산림황폐화가 심각하다는데, 우주에서 보면 산림이 대부분일 정도.

표 3 남북한 도시화율 비교

국가	북한(%)	남한(%)
2014	61,098	81,707
2015	61,277	81,634
2016	61,471	81,562
2017	61,678	81,503
2018	61,899	81,459
2019	62,134	81,430
2020	62,381	81,414
2021	62,642	81,414
2022	62,916	81,427
2023	63,203	81,456

출처: 통계청 국가통계포털

표 4 **남북한 주요 도시 인구 추이**

국가	북한					남한						
분류	평양 (천명)	청진 (천명)	함흥 (천명)	신의주 (천명)	원산 (천명)	서울 (천명)	부산 (천명)	대구 (천명)	인천 (천명)	광주 (천명)	대전 (천명)	울산 (천명)
2014	2,948	628	581	326	340	9,975	3,452	2,475	2,862	1,505	1,553	1,151
2015	2,970	630	575	326	342	9,941	3,452	2,469	2,883	1,506	1,542	1,164
2016	2,993	633	569	326	344	9,843	3,447	2,461	2,907	1,502	1,536	1,166
2017	3,015	635	564	326	347	9,766	3,424	2,458	2,924	1,495	1,528	1,159
2018	3,038	637	558	326	349	9,697	3,403	2,449	2,936	1,488	1,513	1,153
2019	3,061	640	553	326	351	9,657	3,381	2,437	2,952	1,489	1,503	1,146
2020	3,084	642	549	326	353	9,618	3,356	2,414	2,951	1,480	1,492	1,139
2021	3,108	645	546	327	355	9,502	3,327	2,388	2,941	1,469	1,479	1,124
2022	3,133	649	544	328	358	9,411	3,299	2,363	2,961	1,463	1,472	1,113
2023	3,158	653	543	329	360	9,338	3,269	2,341	2,960	1,456	1,460	1,103

출처: 통계청 국가통계포털

인공위성 정보로 보는 북한의 인구분포

우주에서 인구 숫자를 직접 관측한다면 인공위성에서 보이는 사람의 머리 숫자를 세어야 할 텐데, 건물 안에 있는 사람이 더 많다 보니 다른 방법을 써야 한다. 인공위성 영상과 더불어 인구조사자료, 인공지능 알고리즘, 공간정보기술을 접목하여 격자Pixel 내에서의 인구수를 계산해 낼 수 있다. 이렇게 만들어진 북한의 인구분포를 확인해 보자.

그림 30 2000년 북한의 인구분포(출처: Oak Ridge National Laboratory)

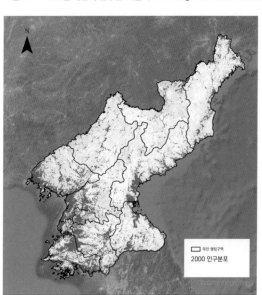

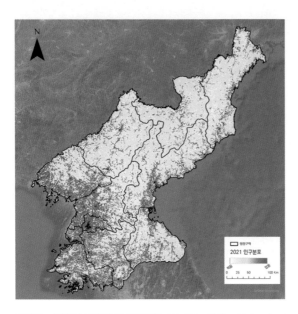

그림 31   2021년 북한의 인구분포(출처: Oak Ridge National Laboratory)
   ▶▶ "알통" 앱으로 그림을 비춰보시면 더 많은 자료를 보실 수 있습니다

　전체적으로 인구가 특정 지역에 집중되는 경향이 두드러진다. 북한 내 큰 도시인 평양과 신의주, 남포와 같은 서해안과 원산 등 동해안으로 인구가 집중되어 있다. 시간의 변화에 이러한 인구 집중화는 가속화되고 있다. 원래도 인구가 적었던 중부와 북부 산지에서는 인구가 줄고 있다. 2010년대 후반으로 갈수록 도시로의 인구집중이 증가하는 것이 관찰된다. 생각보다 도시화율이 높다는 국제 통계가 인공위성을 통해 사실로 드러나는 장면이다.

우주에서 본 북한의 도시와 농촌

인공위성으로 잘 볼 수 있는 것 중 하나가, '땅을 무엇으로 사용하고 있는가'이다. 이 땅은 농경지로, 이 땅은 도시로, 이 땅은 숲으로 남겨두었다는 것을 인공위성 정보로 확인하고 만들어진 지도를 '토지피복도' 혹은 '토지이용도'라고 부른다. 땅의 상태를 통해 만들어진 것이 토지피복도라면, 활용의 개념으로 만들어진 것은 토지이용도이다. 아무튼 인공위성 영상으로 땅을 내려다보면, 이 땅이 도시인지 논밭인지 알 수 있는데, 앞서 잠

그림 32   인공위성 영상(미항공우주국 MODIS)으로 제작된 전 세계 토지피복 지도 중 아시아 영역

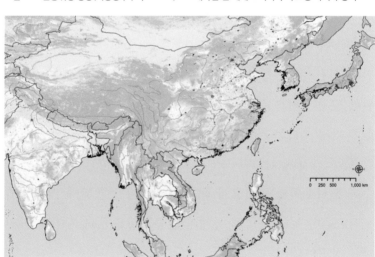

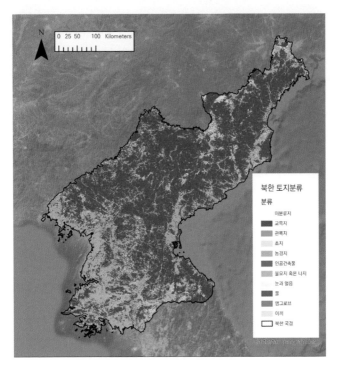

그림 33　2021년 인공위성 영상(유럽항공우주국 Sentinel 2호)으로 제작된 북한의 토지피복 지도
▶▶ "알통" 앱으로 그림을 비춰보시면 더 많은 자료를 보실 수 있습니다

시 이야기한 대로 북한의 도시가 그리 많은 면적을 차지하진 않
는다. 물론, 전 세계에서, 그리고 우리나라에서도 도시 비율이
다른 피복에 비해 상당히 낮다. 다만 농촌인구가 상대적으로 많
은 개도국의 경우 인구 대비 도시의 면적이 적은 편이다. 인도
의 경우 14억 이상의 인구 대국이지만, 도시 면적은 크지 않다
(그림 32).

북한의 경우 도시인구가 다른 개발도상국에 비해 많다고
하더라도 작은 소도시에 불과한 경우가 많아서 평양을 제외하
고는 두드러진 도시가 보이진 않는다. 그림 33에서 붉은색이 가
장 많이 모여 있는 곳이 평양이다. 도시를 보려고 이 지도를 보
았지만, 이러한 토지피복도를 보다 보면 한 가지 의아한 부분이
있을 것이다. '북한에 산들이 다 민둥산이 되었다던데, 초록색
이 많네?'라고. 북한이 다 민둥산일 것으로 오해하는 경우가 많
은데, 그 정도까진 아니었다는 사실을 인공위성이 알려준다. (산
림은 다음 장에서 이어서 설명하겠다.)

토지피복에서 북한이 남한보다 많은 것은 농경지이다. 식
량이 부족해서 동네에 땅이 있으면 모조리 농경지로 개간해버
렸던 결과였다. 반면, 한반도 남쪽 대한민국에서는 식량 생산성
도 높아지고 수입 비율이 늘면서 유휴 농경지가 많아져, 이미
농경지는 감소하고 있다.

이제는 조금 더 확대된 북한 사람들의 사는 곳을 인공위성
으로 들여다보자. 특히 같은 지역을 여러 시기 인공위성 영상으
로 보면 북한의 도시나 농촌에서의 변화를 확인할 수 있다. 서
울이나 대한민국에서만 신축 아파트를 좋아하랴. 북녘 동포들
도 몇몇은 신축 주상복합 아파트에 살게 되었다. 그림 35에서 보

그림 34　평양시 문수동 남쪽 일대 (2016년 8월)
그림 35　평양시 문수동 남쪽 일대 (2022년 6월)

그림 36　황해북도 서흥군 일대 (2015년 8월)
그림 37　황해북도 서흥군 일대 (2021년 9월)

다시피 2016년에는 농경지였던 곳이 2022년에는 대단지 아파트가 되어있다.

북한은 2021년 1월 8차 당대회에서 2025년까지 해마다 1만 세대씩 총 5만 세대의 살림집(아파트) 건설을 목표로 한다고 밝혔다. 여기에 더해 이미 건설 중인 1만 6천 세대의 살림집까지 포함해 거의 7만 세대의 살림집이 생겨나 "수도 시민들의 살림집 문제가 철저히 해결될 것"이라며 선전하고 있다.* 또한 이러한 북한의 신축 아파트는 기존의 북한 사회주의 건설식 아파트와는 다른 특징이 있다. 인공위성에서도 보다시피, 지상에 주차하지 않는 것이다. 우리나라처럼 지하 주차장이 생기고, 승용차를 이용하고 있다는 것을 의미한다. 주거환경도 점점 자본주의화 되어가고 있다.

평양에는 대단지 주상복합 아파트가 들어서고 인구가 증가하고 있지만, 농촌에서는 주택정비가 이루어지고 있다. 그림 37 황해북도 서흥군의 인공위성을 보면, 2015년 산비탈까지 주택들이 많던 것이 2021년에는 농경지로 전환하고 평지에 더 많은 주택을 만들었다. 북한의 '문화주택' 정책으로 흩어져 있던

---

*   https://chosonsinbo.com/2021/01/9-31/

주택들을 모으고 정비한 것이다. 서흥군의 모습은 평범한 인민들의 주거지역을 잘 보여주고 있다. 북한에서도 농촌의 인구가 줄어들 전망이 있지만, 우리와는 다른 방법으로 이를 극복하고 있다. 농촌인구가 부족할 경우 고등학교 졸업생이나 제대군인, 청년들의 집단 전출을 통해 주기적으로 인구를 채우며 농촌인구를 유지하고 있다.

우주에서 보이는
북한의 광산들

북한의 희망, 광업

누군가 '북한이 남한보다 좋은 점(?)은 무엇일까'라는 물음을 던
진다면, 잠시 대답을 주저하다, 한 가지 찾아낸다면 대부분 광
물자원을 말할 것이다. 남북 경제협력이나 통일의 경제적 효과
를 논할 때도 항상 등장하는 단골손님이 북한의 광물자원이다.
실제로 남한에 비해 금속과 비금속 광물자원이 상당한 것으로
보고되고 있다. 마그네사이트 광석 매장량은 세계 1위 규모이
며 텅스텐, 흑연 매장량도 세계 10위권 내에 포함되는 거대한
규모를 자랑한다(미국지질조사국, 2020). 특히 남한 금속광 수입량

의 약 80%를 차지하는 철, 동, 연광의 경우 북한의 매장량이 남한의 10~100배 이상에 달하는 것으로 추정되었다(통계청, 2019). 물론 신뢰성 높은 조사가 이루어지진 않아서 발표된 자료에 따라 편차가 크지만, 남한에 비해 많은 자원이며 북한 산업에서 중요한 역할임은 분명하다. 표 5와 같이 다양한 금속·비금속 자원이 상당하게, 그림 38과 같이 많은 광산이 운영 중이다. 이 광산들을 살펴볼 수 있는 방법, 역시 우주에서 보는 게 좋겠다.

표 5 광종별 북한의 광물자원 매장량

광종 구분	광종	기준품위	단위	매장량
금속	금	금속 기준	톤	2,000.00
	은	금속 기준	톤	5,000.00
	동	금속 기준	천 톤	2,900.00
	연	금속 기준	천 톤	10,600.00
	아연	금속 기준	천 톤	21,100.00
	철	Fe 50%	억 톤	50
	중석	WO3 65%	천 톤	246
	몰리브덴	MoS2 90%	천 톤	54
	망간	Mn 40%	천 톤	300
	니켈	금속 기준	천 톤	36
비금속	인상흑연	FC 100%	천 톤	2,000.00
	석회석	각급	억 톤	1,000.00
	고령토	각급	천 톤	2,000.00
	활석	각급	천 톤	700
	형석	각급	천 톤	500
	중정석	각급	천 톤	2,100.00
	인회석	각급	억 톤	1.5
	마그네사이트	MgO 45%	억 톤	60
석탄	무연탄	각급	억 톤	45
	갈탄	각급	억 톤	160
	소계		억 톤	205

출처: 조선중앙연감

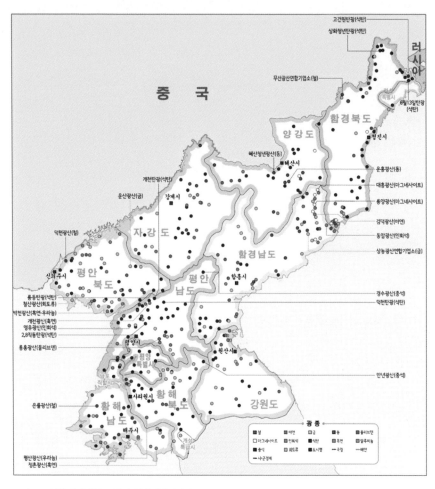

그림 38 북한의 광산분포 (출처: 북한지하자원넷)

북한 산업 내 광업의 비중은 2017년 기준 전체 GDP의 11.7%에 달한다(한국은행, 2022). 남한의 경우 0.1% 수준이다. 운영 중이거나 휴광 중인 광산은 총 728개로 추산되며, 금속 광산이 260개, 석탄을 제외한 비금속 광산이 227개, 석탄광이 241개로 파악된다. 북한은 대북 제재가 본격화된 2018년 이전까지 석탄, 철광석 등 주요 광물자원을 수출하여 외화를 벌어들이고 에너지 등 내수 시장에 필요한 원료를 공급해 왔다. 현재나 앞으로나 북한의 희망 중 하나는 광업이었다.

우주에서 본 북한의 희망(?)들

광산을 새로운 방식으로 구분하면, 우주에서 잘 보이는 광산과 잘 보이지 않는 광산으로도 구분할 수 있다. 우주에서 잘 보이는 광산은 주로 '노천' 광산인데, 우리에겐 온천 용어로 익숙하다. 의미는 같다. 노천온천이나 노천광산이나, 지표면에 노출되어 있다는 뜻으로, 땅을 파지 않고 광물은 얻을 수 있는 광산을 의미한다. 사실 우주에서 잘 안 보이는 광산들이 더 많은데, 그이유는 대부분 광산이 지하에서 채굴이 이루어지기 때문이다.

북한에는 어떤 광산이 더 많을까. 물론 땅속에서 채굴하는 광산이 많지만, 주목할 점은 아시아 최대규모의 노천광산이 있다는 점이다. 함경북도에 있는 무산광산은 북한 최대의 철광석 부존 지역이기도 하다. 두만강 변 한반도 최북단 지역에 있다 보니 역사적으로 큰 주목을 받지 못하다가 20세기 들어 노천 철광이 발견되어 사람들이 모이기 시작했다고 한다. 20세기 초부터 활발히 채굴되어 온 무산광산, 대북 제재도 있고 북한 사정도 좋지 않은데 최근 어떻게 변화하고 있을지 궁금해진다. 2008년부터 2016년, 2022년 세 시기의 인공위성 영상으로 확인해 보니, 대북 제재로 판로가 없어야 정상인데 광산과 채굴 지역은 지속해서 확대되고 있다(그림 39-41). 특히 영상에서 동남쪽 철광석 적치 공간이 확대되고 있다. 자세히 보면 남쪽 시가지와 도로변 철광석 적치량도 증가했다. 자원의 내수 활용에 한계가 있는 북한에서 이 정도의 철광석 채굴은 어딘가 비밀(?)이 있을 것임을 암시한다. 실제로 철광석은 북한의 대표적인 광물 수출 자원 중 하나였지만, 지난 2017년 유엔 안보리 결의 2371호가 북한의 모든 광물 수출을 금지하면서 판로가 막히게 된다. 하지만 유엔 안보리 전문가패널은 여러 차례 보고서를 통해 북한이 공해상 선박 간 환적 방식을 이용해 중국 측에 석탄은 물론 철과 철광석 등 광물을 불법으로 수출했다고 지적한 바 있다. 한때 중단됐던 철광석 생산이 재개된 사실을 시사한 것

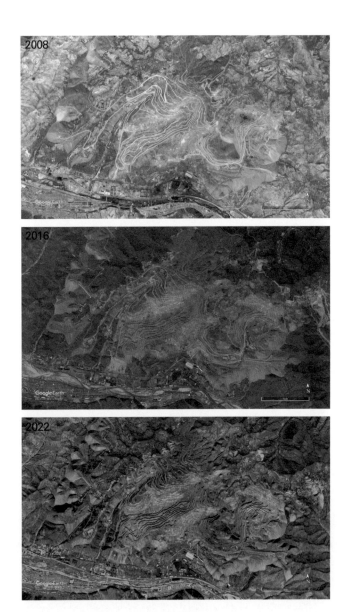

그림 39-41 인공위성으로 본 무산 철광산의 변화

이다.

노천광산이 아니더라도 우주에서 보이는 광산들이 있다. 특히 광산들이 확대되는 시기가 대표적이다. 함경남도 단천시에 있는 광산은 대북 제재가 한창인 2010년대 후반에도 정비와 확장이 이루어지고 있는 모습이 확인되었다. 중간중간 홍수와 태풍 등으로 피해가 예상되지만, 최근 2022년 영상에서는 채굴된 광물들이 많이 보인다.

광산단지로 유명한 함경남도의 검덕지구 광산은 멀리서 봐도 여러 광산이 동시에 보이니, 역시나 대표 광산지구로 불릴 만 하다(그림 42-44). 50여 개 광산이 밀집해 있는 이 지역은 아연 매장량이 동아시아 최대규모, 마그네사이트도 세계 2위로 평가되고 있다. 그 외에도 금, 은, 납이 풍부하여 금골이라는 지명이 있을 정도다. 그런데 멀리서 보니, 산림도 파괴되고 폐석·폐광물들로 인한 환경오염이 눈에 띈다. 업무지구가 형성된 그림 45 지역에는 새로 지어진 북한식 '살림집'이 눈에 띈다. 2020년 홍수 피해 이후 바닥이 높은 살림집을 이 구역에 대량 보급했다는 소식이 전해졌는데, 그중 하나로 볼 수 있다.

다양한 광물자원이 매장되어 있고 개발 중이지만, 역시나 북한 사회에서의 영향력은 '석탄'이 가장 큰 비중을 차지한다.

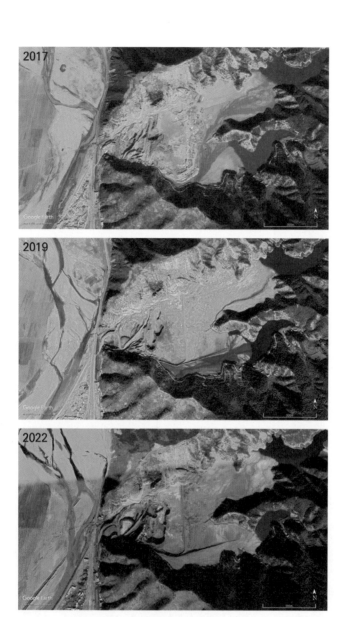

그림 42-44 인공위성으로 본 함경남도 단천시 광산의 변화

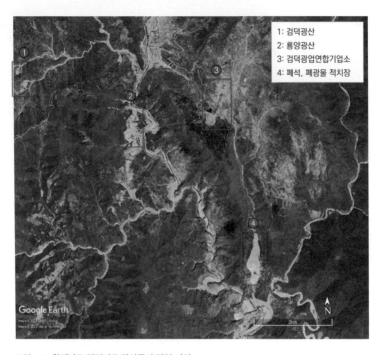

그림 45 황해남도 검덕지구 광산들과 관련 시설

1: 검덕광산
2: 룡양광산
3: 검덕광업연합기업소
4: 폐석, 폐광물 적치장

북한의 1차 에너지 공급구조에 관한 통계(2014년 기준)에 따르면 석탄 52.6%, 수력 29.4%, 석유 6.6%, 기타 11.4% 등으로 나타나 있다. 석탄이 50% 이상이라는 사실이 중요하다. 온실가스를 줄이기 위해서 전 세계 국가들이 석탄 사용과 개발을 줄이려 하지만, 김정은 정권하에서 석탄 개발은 장려되어 왔다. 이는 신년사에서도 드러나는데, 2013년에 석탄공업 부문의 혁신을, 2014년에 석탄공업의 확고한 선행과 전력·석탄·철도운수 부문에서의 '연대적 혁신'을, 2015년에는 석탄 생산 증대를 각각 강조했다. 그는 2016년 신년사에서 화력발전소와 여러 경제 부문에 대한 충분한 석탄 공급을, 2017년에는 발전소와 금속·화학공장에 대한 석탄 수요의 최우선적인 보장을, 2018년에는 석탄·광물 철도수송에서의 연대적 혁신을 지시했다. 석탄 증산과 연대적 혁신이 핵심 과업이었음을 알 수 있다. 북한에서 탄소 함유량이 높은 무연탄은 평안남도·함경남도 일대의 고생대 지층에, 탄소 함량이 낮은 갈탄은 주로 함경북도 일대의 신생대 제3기층에서 채굴된다.

대북 제재 상황에서 석탄 광산들은 어떻게 되었을까? 그리고, 노천광산은 노면이 드러나기에 우주에서 관측이 쉬운데, 석탄 광산들처럼 지하에서 채굴하는 광산은 어떻게 볼 수 있을까. 힌트는 결국 땅 위에 있다. 땅속에서 채굴해도, 보관과 이동을 위해서는 지상에 올려두기 마련이다. 우주에서는 이 모습을 자주 관찰할 수 있다.

평안남도에서는 직동 석탄 광산이 대표적 탄광이다. 본격적인 대북 제재 이전과 이후의 인공위성 영상으로 확인해 보자. 그림 46-47에서 2016년과 2022년 모두 채굴한 석탄들이 여

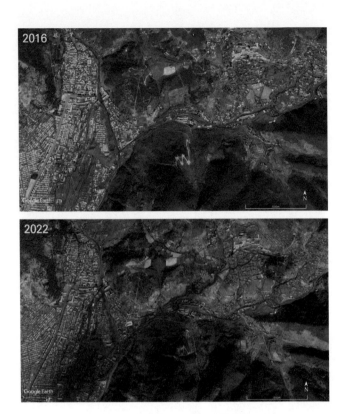

그림 46-47 　인공위성으로 본 직동 석탄 광산 주변의 변화

기저기 보관되어 있다. 양이 많다보니 실내에 보관할 수 없어
야외에 쌓여있고, 우주에서도 보인다. 인공위성 영상에서 회색
부분으로 보이는 지역은 다 석탄이라고 보면 된다. 다만 두 시
기가 땅의 색감이 다른 것은 관측된 계절이 다르기 때문이다.
2016년은 여름철이라 푸르게, 2022년은 눈이 오기 전 가을이라

산들이 갈색으로 보이는 것이다. 자세히 보면 2022년에 산에 쌓여있는 회색 덩어리가 더 많아진 것을 발견할 수 있다. 석탄 생산량이 늘어났거나 최소한 줄어들진 않았다는 것을 예상할 수 있다. 대북 제재 기간에도 충분히 생산되고 있는 석탄은 어디로 갔을까. 채굴된 모든 양이 북한의 내부 에너지 생산을 위해 쓰였을까. 그 답은 항구에서 찾을 수 있다.

평양 주변 대표적 수출 항구들을 살펴보자. 송림항, 남포항, 대안항이 주요 항구로 불리는데, 세 항구에서 모두 석탄이

그림 48-51　평양 주변 대표적 수출항에서 보이는 석탄 수출의 흔적들

보인다. 본격적 대북 제재 이전으로 볼 수 있는 2017년 송림항에서도 석탄을 선박에 적재 중인 광경이 포착되었다. 같은 장소에서 2022년이 되었는데, 항구에 배도 늘어났고 부둣가에 쌓여 있는 석탄의 양도 늘어났다. 대북 제재 속에서도 어디론가 석탄을 열심히 실어 나른 것이 인공위성으로 밝혀진 것이다.

우주에서 본 북한 광산·광업으로 인한 환경문제

북한의 경제적 희망인 광업은 환경적으로는 재앙이 될 수도 있다. 노천광산이든 지하광산이든 산림을 비롯한 육상생태계를 훼손할 수밖에 없고, 폐석과 폐기물이 다량 배출되므로 철저한 관리가 필요하다. 과연 북한은 철저하게 관리하고 있었을까. 앞서 인공위성으로 본 영상에서도 이미 아무 곳에나 석탄을 적치하고 폐기물들을 방치해 온 것이 보이기도 했다.

　가장 눈에 띄는 문제는 신규 광산을 개발하는 지역이다. 그림 52-53에서 보이는 함경남도 단천시 구역은 대북 제재 기간에 광산개발이 활발히 진행된 것으로 보인다. 2015년에는 산과 농경지였던 곳이 수년 만에 새로운 광산마을이 되었다. 다른 챕터에서 다루지만, 북한은 황폐해진 산림복원에 열을 올리고 있는

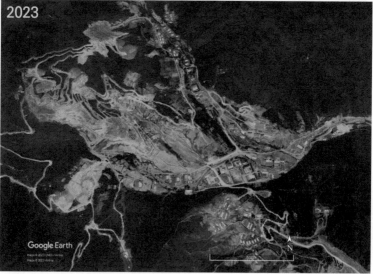

그림 52-53 함경남도 단천시 신규 광산개발 구역

데, 광산만큼은 산림복원에 예외인 것이다.

대표적 광산지대인 검덕지구에 있는 석탄광에서는 석탄의 무계획적 적치로 인한 토양과 수질오염이 예상된다(그림 54). 비가 오면 온 동네가 석탄으로 가득해지고, 하천과 토양으로 유입될 수밖에 없다. 비가 오지 않아도 땅 위의 석탄 가루들이 바람에 날려 지역주민에게는 대기오염으로 인한 건강 문제도 위협적이다. 금광으로 유명한 운산광산에서는 광물 찌꺼기와 폐기물들로 인한 하천 오염이 확인된다(그림 55). 하천이 혼탁해져서 어디가 하천이고 어디가 모래인지 구분이 어려울 지경이다. 안 그래도 북한은 식수 위생에 문제가 많은데, 광산 근처에서는 하천 자체도 혼탁하다.

지금까지는 광산개발로 인한 편익이 더 크므로, 환경관리가 제대로 이루어지지 않고 있다. 아직 환경문제에 대한 북한 사회의 수요가 높진 않은 것이다. 훗날 사회가 조금 더 선진화되면서 뒤늦게 이를 수습하고 회복하는 데 더 큰 비용과 노력이 필요하게 될 수도 있다. 우리나라가 그랬던 것처럼.

그림 54   검덕광산 석탄 채굴 지역 (2022년 4월)
그림 55   운산 금광 주변 하천 오염 (2020년 10월)

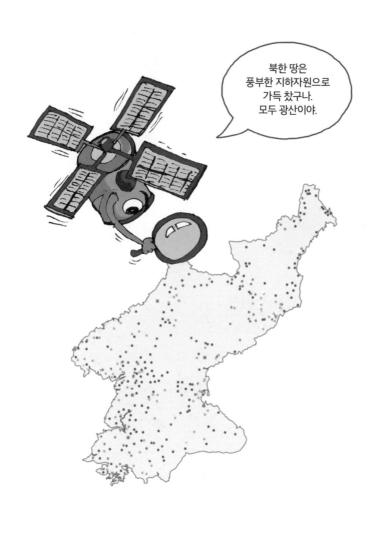

우주에서 보는 백두산, 그리고 분화 징후들

우주에서 본 민족의 명산

북한에도 많은 명산이 있지만 민족의 명산으로는 단연 백두산이 먼저 꼽힌다. 백두산은 북한과 중국 국경에 있는 화산으로, 한국에서는 '백두산'으로, 중국에서는 '장백산'이라 불리는 두 개의 이름을 가지고 있다. 중국과 국경을 마주한 북한은 1948년 정권 수립 이후, 중국과 수차례 국경 조약을 맺었다. 이중 하나가 1962년 북한(조선민주주의 인민공화국)과 중국(중화인민공화국) 양국이 체결한 '조중변계조약'이다. 이 조약은 백두산, 압록강, 두만강을 경계로 하는 양국의 국경선을 규정하는 내용

그림 56 Landsat 위성이 촬영한 2020년 12월의 백두산 천지

을 담고 있으며 백두산의 경우, 남동부는 북한에, 북서부는 중국에 귀속되었다.

이 덕분에(?) 한국인은 1990년대 초 한국과 중국의 수교 이후, 중국 땅을 통해서 백두산을 방문할 수 있다. (하지만 해당 조약은 양국이 체결을 공식적으로 인정하지 않는 비밀 조약으로 일각에서는 유효성 논란이 있기도 하며, 우리나라에서는 백두산 전역을 우리나라 영토로 지도에 표기하고 있어 통일 시 국경 분쟁이 예상되는 지역 중 하나이기도 하다.) 명산의 반쪽밖에 가지 못한다고 너무 아쉽게 생각할 필요 없다. 우리에게는 위성이 있지 않은가. 하늘의 위성을 통해 직접 가보지 못하는 북한 쪽 백두산도 간접 방문이 가능하다.

흰머리 산이라는 뜻의 백두산은 2,744m로 한반도에서 가장 높은 산으로, 산머리가 1년 중 8개월이 눈으로 덮여있다. 고도 차가 큰 백두산은 높은 곳으로 올라가면서 수림대, 떨기나무림대, 고산초원대, 지의대 순으로 식물상이 변화한다. 이에 따라 백두산을 오르면서는 온대부터 아한대를 거쳐 한대지방 식생에 이르기까지 다양한 식물들을 만나볼 수 있다.

백두산의 최고봉은 장군봉으로, 정상에는 화구에 물이 고여 생긴 호수인 화산호인 천지가 있다. 그림 57은 하늘에서 찍은 백두산 천지의 모습이다. 가운데 천지가 보이고 그 근처 눈과 얼음 또한 확인할 수 있다. 더 확대하여 들어가 보자.

그림 57　CNES 위성이 촬영한 천지 (2021년 7월)

백두산 천지의 모습이다. 7월에 촬영한 영상임에도 천지 왼쪽 윗부분에 얼음을 확인할 수 있다. 보통 10월 중순에서 5월 중순까지 눈과 얼음으로 덮여있고, 6월 중 얼음이 녹는 것이 정상인데 7월까지 남아있는 모습이다. 이를 통해 기상의 변덕스러움을 알 수 있다.

해발이 높은 백두산은 전형적인 고산기후의 특성을 나타내는데, 날씨가 워낙 변화무쌍하여 '삼대가 덕을 쌓아야 천지를 볼 수 있다'라는 말이 있을 정도다. 저자도 2007년 여름, 천지를 방문했었으나, 비바람이 몰아치는 바람에 여기가 천지인지 동네 저수지인지 분간할 수 없는 아쉬운 날이었다. 그날 천지 방문을 기념하여 작은 생수병에 천지 물을 떠 보았으나 그건 99% 빗물이었을 것이다. 2015년에 다시 한번 천지 방문 기회가 있었으나, 그땐 방문 직전에 있던 인명사고 여파로 정상에 오를 수 없었다. 아직도 훗날을 기약하고 있다. 우선 '덕'을 조금 더 쌓고 방문하려 한다. 여러분들도 방문하기 전에 덕을 미리미리 쌓아두길 추천한다.

2,500m의 높이에 달하는 고봉들이 병풍처럼 둘러싸고 있는 천지에서 유일하게 물이 빠져 흘러 나가는 협곡을 달문이라

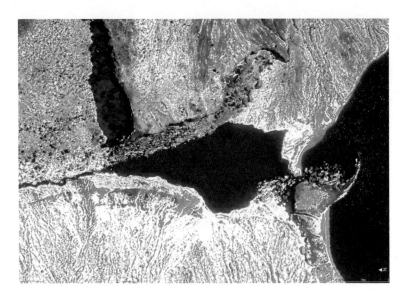

그림 58　CNES 위성이 촬영한 백두산 천지 달문 (2021년 10월)

고 한다. 그림 58은 CNES 위성이 촬영한 달문의 모습이다. 여기서 물이 흘러나와 비룡폭포를 만들고 송화강까지 흘러간다. 이렇게 천지는 송화강 발원지 중 하나가 된다.

　우리나라 사람들은 현 상황에선 중국 방향에서만 백두산을 바라볼 수 있지만, 인공위성으로 제작된 3D 영상을 통해서는 북한 방향에서 바라본 백두산도 관찰할 수 있다(그림 59-60). 능선의 큰 차이는 없겠지만 식생이 차이를 보여준다. 중국 쪽이 북한 쪽보다 상대적으로 더 푸르러 보인다. 고산식생임에도 북한의 산림황폐화 현황을 엿볼 수 있는 부분이다. 북한의 산림황폐화에 대해서는 다음 장에서 자세히 이야기하자.

그림 59-60　3D 영상으로 북한 방향에서 본 백두산(상), 중국 방향에서 본 백두산(하)

그림 61-62　CNES 위성이 촬영한 비룡폭포(상)와 장군봉 전망대(하) (2021년 10월)

　　백두산의 대표적 명소인 비룡폭포도 우주에서 보인다(그림
61). 근처에 관광객과 관리 측이 이용하는 도보가 있다. 북한에
서는 장군봉 전망대가 대표적 관광명소이다. 2018년 남북 정상

이 함께 백두산을 방문했을 때도 장군봉 전망대에서 손을 맞잡았다. 훗날 우리 민족 모두의 관광명소가 되길 함께 바라보자.

우주에서 관측하는 백두산 폭발 징후

백두산은 민족의 명산으로, 한반도 대표적 관광명소이지만, 여전히 살아 있는 화산이므로 오랜 기간 폭발 가능성이 제기되어 왔다.

2000년대 들어 백두산에 심상치 않은 움직임이 나타났다. 2002년부터 2009년까지 12cm 정도 융기했다가 가라앉은 백두산이 2015년 다시 들썩이기 시작했다. 2003년부터 백두산 정상의 나무가 화산가스로 인해 말라가는 현상이 포착되고 있으며 60℃를 오르내리던 천지 주변 온천 수온도 80℃까지 상승하였고, 2015년은 83℃까지 오르기도 했다. 온천에서 채취한 화산가스의 헬륨 농도는 일반 대기의 7배까지 증가하였으며, 여기에 크고 작은 지진까지 잇따르면서 전문가들은 백두산 분화 가능성을 제기하고 있는 상황이다.

백두산의 분화와 관련된 내용도 우주에서 미리 알 수 있을까? 물론 우리 눈과 동일한 빛의 영역을 관측하는 광학 인공위성으로는 백두산의 폭발이나 지표의 특성 변화를 알기 어렵다. 이럴 때 사용하는 것이 인공위성에 장착된 우리 눈과는 다른 센서들이다.

먼저, 백두산 정상부, 특히 천지의 얼음 변화로 분화 가능성을 확인할 수도 있다. 백두산의 화산활동이 활발하다면 온천수가 새어 나오거나 천지의 물을 데워서 얼음이 녹게 되므로, 얼음 면적변화를 관측하여 백두산 분화 징후를 확인하는 방식이다. 이때 가시광선 외에 근적외선 영역 위성영상을 함께 사용하고 얼음 변화를 인공지능 모형을 측정해 낸다(이어루 등, 2022). 그림 63을 보면 연도별로 천지의 얼음 변화를 알 수 있는데, 2003년에서 용해가 가장 심해 보인다. 2002년~2006년에 백두산 화산활동이 활발했던 것으로 보고되었는데, 이와 일치하는 현상이다. 2017년에는 백두산 주변 지진이 잦았는데, 그로 인해 천지의 용해가 두드러지게 보인다.

인공위성 레이다 영상으로는 백두산 지표면 변화를 분석하여 백두산 분화의 징후를 확인할 수도 있다. 특히 2022년 공

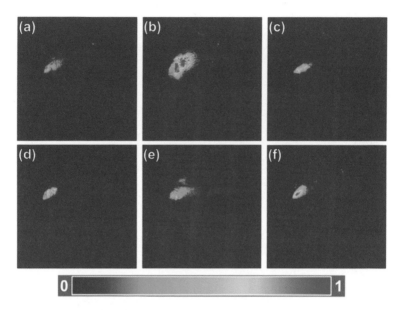

그림 63 인공위성으로 관측한 백두산 천지 얼음 면적변화
(a) 19850122, (b) 20030124, (c) 20070212, (d) 20090217, (e) 20110130, (f) 20170106

개된 연구에서 땅이 솟거나 꺼지는 지표 변위 현상을 감지하여
분화 활동과 관계를 파악하기도 하였다(Meng et al., 2022). 백두
산의 평균 지표 변위는 전반적으로 융기되는 것으로 보고되었
는데, 정상에서 먼 지역에서는 융기가 많고 정상 부근에서는 침
강 현상이 더 많았다(그림 64). 특히 지표의 변위는 지진의 규모
및 횟수와 높은 상관성을 보이는 것으로도 확인되었다. 인공위
성으로 관측된 백두산의 지표 변위는 지각 활동과 단층 움직임

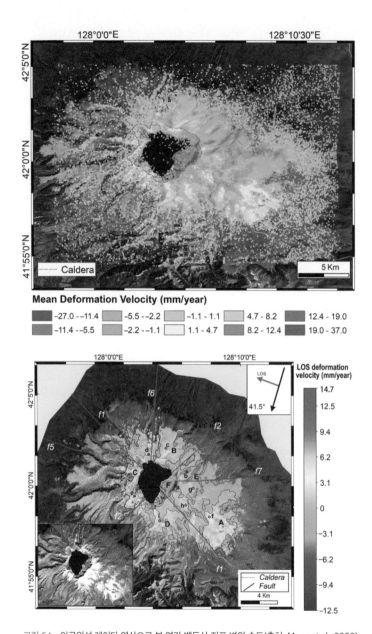

Mean Deformation Velocity (mm/year)

■ −27.0 - −11.4	■ −5.5 - −2.2
■ −11.4 - −5.5	■ −2.2 - −1.1

-1.1 - 1.1   4.7 - 8.2   ■ 12.4 - 19.0
1.1 - 4.7   ■ 8.2 - 12.4   ■ 19.0 - 37.0

그림 64   인공위성 레이다 영상으로 본 연간 백두산 지표 변위 속도(출처: Meng et al., 2022)
그림 65   인공위성 레이다 영상으로 분석한 백두산 지표 변위 변화 특성(출처: Meng et al., 2022)

이 활발하다고 설명한다. 이는 분화의 가능성을 말하고 있다.

그림 65에서 f1~f7은 가시직선^{Line of Sight}, 대문자는 변위 가 일어난 구역, 소문자는 특수 변위 지역을 의미한다. 각각의 단층들이 경계선으로 구별되어 있다. 마찬가지로 어디서 침강 혹은 융기가 얼마나 빠르게 일어나는지, 단층들을 따라 어떻게 분포하는지 확인할 수 있다.

대기환경을 관측하는 우리나라의 천리안 위성은 대표적 화산가스인 이산화황을 감지하는 역할을 할 수 있다. 현재 운용 중인 천리안-2B호는 세계 최초의 정지궤도 환경 위성인데, 한반도를 중심으로 한 아시아지역 대기환경을 실시간으로 관측하고 있다. 그렇기에 천리안 위성은 이산화황의 발생과 축적, 이동을 관측할 수 있는 최적의 수단이다. 실제로 2022년 일본 니시노시마 화산이 폭발했을 때, 이산화황의 농도를 실시간으로 관측해 냈다. 만약 백두산의 활동이 더 거세져 이산화황 배출이 증가한다면 천리안 위성이 재빨리 감지해 대비할 수 있도록 도와 줄 것이다.

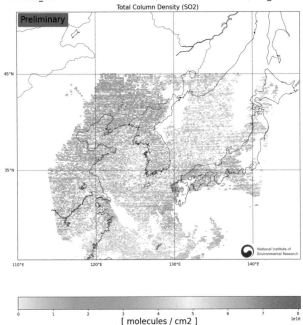

그림 66   천리안 위성에서 관측하는 이산화황(2023년 4월 1일)

우주에서 본 한반도의 모습들
– 북한 환경

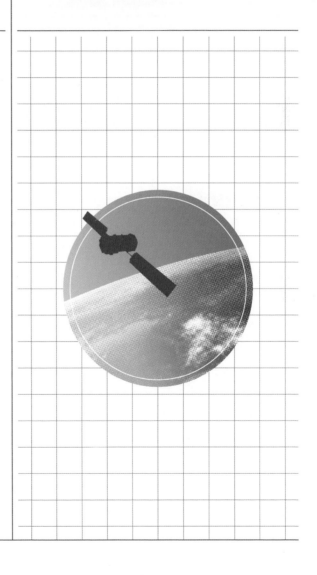

북한에는 정말
산에 나무가 없을까?

북한의 산림황폐화

북한에 나무가 없다는 이야기, 어디선가 들어 본 이야기였을 수 있다. 이 이야기는 대체 어디서 나온 이야기이며, 과연 사실일까. 북한의 산림은 예전부터 어땠을까. 이 이야기를 하기 위해서는 조금의 시간을 더 거슬러 올라가야 한다. 남과 북이 나뉘기 전, 1900년대 초부터 살펴보자. 조선시대와 대한제국 시대에 우리나라의 산림자원은 풍부했을까.

목재 외에는 다른 건축 수단이 없었고, 나무 땔감 없이는 요리를 하거나 겨울을 나지 못했던 시대, 지금보다 한반도에 사는 인구는 1/4 수준이지만 목재 사용에 대한 수요는 더 컸던 시기였다. 그렇다고 나무를 쓰고 다시 심고 가꾸는, 산림경영Forest Management이라는 개념이 있던 시대도 아니었으니, 산림자원이 풍부하기 어려웠다. 특히나 조선 후기와 대한제국, 일제강점기로 이어지는 이 시기는 기근과 전쟁, 식량난으로 한반도 전역이 풍족하지 않은 시대인데, 환경학 이론상 경제적으로 풍족하지 않은 시기는 '산림'과 같은 자연환경은 이용하기에도 급급한 현실로 설명된다. 목재 이용 중심의 문화인데 경제적으로 풍족하지 않은 시기, 정황상 산림자원이 풍부했을 것이라 볼 수 없다.

그림 67　1900년대 초 서울 근교 한반도 풍경 (출처: Robert Neff Collection)

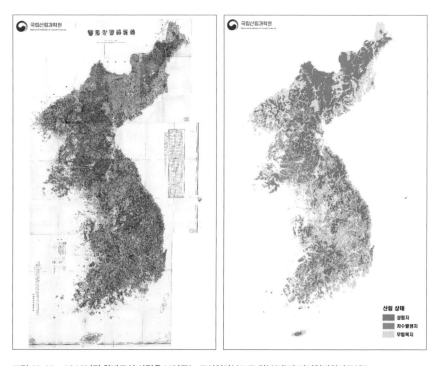

그림 68-69　1910년경 한반도의 산림을 보여주는 조선임야분포도 원본(좌)과 디지털변화자료(우)

이러한 정황을 사실로 보여주는 자료가 있다. 당시 풍경을 보여주는 사진(그림 67)과 종이지도로 제작된 조선 임야분포도이다(그림 68). 농사짓는 사람들 뒤, 드넓은 산지는 흑백임에도 나무가 없음을 알 수 있다. 인공위성이 없던 시기, 한반도를 돌아다니며 조사했던 조선 임야분포도에서도 건강한 산림은 단 21%에 불과했다. 그림 69에서 초록색 부분으로 성림지로 표시된 부분이 건강한 일반 산림을 말한다.

그러다 시간이 지나 조국을 되찾았지만, 머지않아 한반도는 전쟁터가 되었다. 1950년~1953년까지 이어진 한국전쟁은 산림을 가꾸기는커녕 산속에서 이루어지는 전투들로 인해 훼손의 역사로 기록된다. 그럼, 한반도의 산림은 언제쯤 건강하고, 풍부했을까. 이제는 역사가 남과 북으로 나뉘기에 따로 이야기가 진행된다. 남쪽에서는 조금씩 먹고살 만해지던 시기, 전국의 산림을 정부와 전 국민이 함께 가꾸기 시작한다. 1965년부터 시작된 치산녹화 사업들은 1970년대 적극적으로 추진되어 전국의 민둥산이 점차 변해갔다. 특히 이 시점에 석탄 개발 사업을 병행하여 목재 난방을 줄인 것이 큰 효과를 보았다. 이렇게 심었던 나무들은 1990년대 이후 어느덧 고목이 되어 지금의 푸른 대한민국을 만들었다. 물론 지금은 고속도로개발, 도시

확장 등으로 인해 산림훼손이 일어나고 있지만, 이제는 과거처럼 돌아갈 일은 없을 것이다. 그림 71, 그림 72는 저자가 항공기에서 지상을 '원격탐사'하면서 촬영한 사진인데, 여기서 보이는 풍경처럼 도시나 농경지가 아닌 경우 나무가 빼곡한 산림이 지금의 모습이다.

그동안 북쪽은 어땠을까? 시작은 비슷했다. 도시 주변에는 나무가 부족했지만, 높은 산에는 나무들이 있었다. 그래도 전쟁이 끝나고 목재를 대체할 자원들이 사용되면서 차츰 산림이 회복되어 갔다. 하지만 문제는 '먹거리'에 있었다. 남쪽이 빠른 경제성장의 궤도에 오르던 시기, 소련^{Soviet Union}을 비롯한 공산권은 쇠퇴했고, 북한도 마찬가지였다. 거기다 1990년대에 큰 기근이 북한에 찾아온다. 이를 우리는 '고난의 행군'이라 부른다. 단순히 가뭄이나 홍수로 인한 기근뿐 아니라, 북한 체제와 공산권 전반의 문제에서 비롯된 대기근으로 볼 수 있다. 그런데 이 문제가 왜 산림에 관한 내용일까. 식량과 자원이 부족해진 북한 주민들은 결국 다시 나무를 이용하기 시작했다. 주변에 보이는 산지는 대부분 농경지로 개간했고 석탄과 석유가 부족해지자 나무 땔감으로 난방과 취사를 할 수밖에 없었다. 여전히 먹거리가 해결되지 못하니 산림을 다시 가꾸는 일은 생각도 하지 못했다. 흔히 사람들이 말하는 북한의 산림황폐화는 이때 훼손된 산

그림 70 저자가 촬영한 2015년 8월 두만강 변 북한의 풍경
그림 71-72 저자가 촬영한 항공기에서 본 남한의 풍경 (좌: 서울 남부, 우: 충청지역)

림을 말하고 있다. 나는 북한에 방문하지는 않았지만, 중국 국경 쪽 두만강에서 북한을 관찰했던 적이 있다. 그 당시 8월이라 들판과 농경지가 푸르렀지만, 그림 70에서 보다시피 산 정상부와 능선에 나무가 드문드문 있는 모습이 눈에 띈다. 어느 능선이나 나무가 빼곡한 우리나라의 풍경과는 사뭇 다르다.

우주에서 본 북한의 산림

그래서 '고난의 행군' 시기를 비롯하여 북한의 산림은 얼마나 황폐해졌을까. 누군가 북한에 가보았어도 잠시 동안만, 그리고 일정 지역만 방문할 수밖에 없으니 산림황폐화 정도를 정확히 알 수 있는 사람은 없었다. 오직 우주에서 보는 그 녀석(?) 밖에.

많은 사람이 북한의 산들은 모두 민둥산이 되어있다고들 이야기한다. 진짜 민둥산이 되어있을까. 우리가 좋아하는 팩트체크를 해보자. 어떻게? 인공위성으로!

산림의 변화를 인공위성으로 관찰하기 위해서는 역시나 '시간'과 '공간'의 개념이 같이 필요하다. 과거 산림이 황폐해지기 전 관측된 인공위성 영상과 특정 사건 이후 혹은 최근의 인공위성 영상으로 비교·분석해야 황폐화 정도를 알 수 있다. 그림 73, 그림 74와 같이 두 시기를 비교하면서 산림황폐화 수준을 분석하는 것인데, 혹시 이 영상으로 얼마나 황폐해졌는지 확인할 수 있을까? 북한의 산림을 오랫동안 봐온 전문가가 아니라면, 이 영상에서 어디가 얼마나 달라졌는지는 확인하기 어렵다. 그것보다 '북한의 산림이 그렇게 없는 건 아니네?'라는 생각을 하게 될 수도.

나는 왜 이 책에서 그림 73, 그림 74와 같이 1988년과 2012년을 선택하여 보여주었을까? 인공위성으로 무언가를 관찰하고

그림 73-74 북한 전 지역의 1988년 인공위성 영상(좌)과 2012년 인공위성 영상(우)

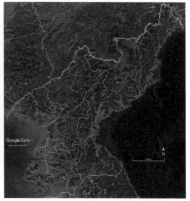

자 할 때, 가장 중요한 것이 위성의 종류와 시기의 선택이다. 북한의 산림황폐화는 1990년대부터 2000년대 초에 집중된 것으로 보고되어 1980년대 후반과 2010년 이후를 비교하는 것이 필요했다. 또한, 김정은 정권 이후에는 산림복원이 추진되어 복원 이전 시기를 선정해야 한다. 기술적으로는 단일 인공위성으로 관측된 영상이 센서의 스펙이 같아 비교하기 좋다. 그래서 산림황폐화 전과 후를 모두 확인할 수 있는 'Landsat-5호' 단일 위성으로 관측된 영상을 활용하고자 그림 73, 그림 74의 시기가 선정된 것이다. 1984년부터 2013년 상반기까지, 29년 이상 임무를 수행한 Landsat-5호는 역사상 가장 오랫동안 지구를 관측한 인공위성으로 기네스북에 등재되어 있기도 하다.

북한의 산림황폐화가 얼마나 진행된 것인지 궁금해하는 국제기구, 국립연구소, 그리고 우리나라 대학의 학자들도 이러한 인공위성 영상을 활용하지만, 몇 가지 분석 방법을 거쳐야 비로소 정확한 정보가 된다. 우리 눈으로 보는 가시광선 영상으로는 식생의 활력을 탐지하는데 한계가 있어 근적외선(Near Infrared) 영역도 활용하고, 산림이나 농경지, 도시 등의 토지이용 상태를 분류하기 위해 인공지능기술도 적용된다. 그렇게 만들어진 지도들이 그림 75, 그림 76 등이다.

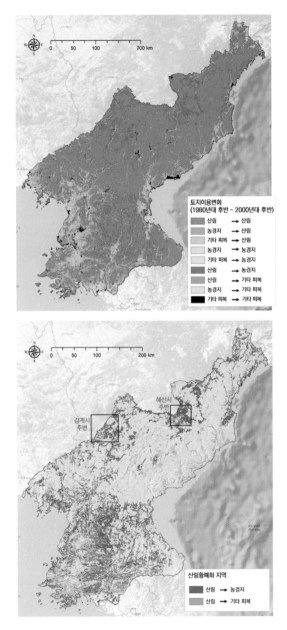

그림 75-76 북한의 산림황폐화 시기 토지 이용변화(좌)와 산림황폐화 지역(우) (Lim et al., 2019)

그림 76 ▶▶ "알통" 앱으로 그림을 비춰보시면 더 많은 자료를 보실 수 있습니다

그림 75, 그림 76을 보면, 북한의 토지가 '고난의 행군'시기에 어떻게 변화했는지 조금은 쉽게 이해할 수 있다. 여전히 산림인 지역은 초록색으로, 산림이었던 지역이 농경지나 도시·초지 등으로 바뀐 곳은 붉은색과 분홍색으로 표시되어 있다. 북한의 모든 산이 민둥산이 된 것은 아니었다. 여전히 높은 산지에는 숲이 남아있으나, 사람들이 거주하던 곳 주변의 많은 산이 농경지나 나무가 없는 황무지로 바뀐 것이다. 필자가 몇 해 전 분석했던 이 사례에서 산림황폐화가 두드러지게 나타난 두 곳의 모습을 인공위성으로 확인해 보면 그림 77-78과 그림 79-80이다. 북한 자강도의 도 소재지인 강계시는 북부의 전략적 요충지이며, 한국전쟁 당시 임시수도 역할도 했던 중요 도시이다. 강계시 주변에서도 1988년과 2019년 인공위성 영상을 비교해 보면 많은 초록색이 사라지고, 황색의 맨땅이 드러난 것을 볼 수 있다. 특히 압록강 건너 중국의 산림은 전혀 차이가 없거나 더욱 푸르러진 모습을 보면 그 차이가 더욱 대비된다. 두 번째 혜산시는 탈북민이 많이 거쳐오는 곳으로 알려져 있다. 북한 제2의 국경도시이기도 한 혜산의 1988년과 2019년 우주에서 본 풍경은 사뭇 달랐다. 도시 주변 대부분이 황색으로 변해있는데, 탈북민들이 마지막으로 본 북한의 모습이 민둥산인 것은 아마 혜산의 영향도 있으리라 생각된다.

이렇게 황폐화된 산림의 면적은 분석한 연구팀마다 수치는 다르지만 대체로 20~30%의 산림이 훼손된 것으로 보고 있다. 면적으로 보면 200만ha~300만ha 수준이다. 서울이 약 6만ha이므로, 서울의 40배 면적에 달하는 북한 산림이 1990년~2000년대에 사라진 것이다.

그림 77-78 북한 강계시 주변 산림 변화 (좌: 1988년, 우: 2019년)
그림 79-80 북한 혜산시 주변 산림 변화 (좌: 1988년, 우: 2019년)

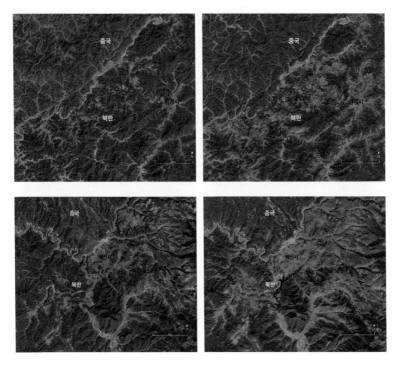

최근의 인공위성 활용은 '어떻게 북한의 산림을 더 잘 복원할 수 있을까?'에도 초점을 맞추고 있다. 식물의 연간 생육주기를 고려하면 우주에서 본 초록색이 진짜 산림인지 아니면 작물이 자라고 있는 것인지, 무성한 풀이 자란 곳인지 분명하게 구분해 낼 수 있다. 즉, 월별 혹은 계절별 식생의 활력도를 인공위성으로 관측하고 시간에 따른 변화를 인공지능기술로 학습하여 해당 지점이 건강한 산림인지, 수확하고 없어지는 작물인지, 겨울철엔 황무지로 변하는 목초지인지 알 수 있게 되는 것이다. 이렇게 되면 훼손된 산림을 찾는 것을 넘어, 어디를 먼저 복원해야 할지도 인공위성이 도움을 주게 된다. 그림 81-82가 그 사례인데, 우선 복원해야 할 지역을 제안해 주고 있다.

그림 81-82　2018~2019년 인공위성 영상을 활용하여 제작된 북한 전역의 산림황폐화(좌)
　　　　　　및 산림복원(우) 지도 (Kim et al., 2021)

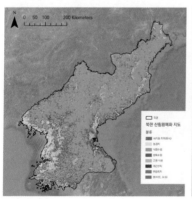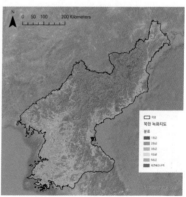

인공위성이 산림복원에 진짜 도움이 될까? 물론 최근에는 남한과의 협력이나 국제기구의 북한 지원이 어려웠으나, 북한 내부적으로 산림복원을 열심히 하고 있으므로, 온라인으로 공개시킨 자료는 그들에게 도움이 될 것으로 예상할 수 있다. 실제로 그림 81-82를 제작한 연구는 모두에게 공개Open Access되는 형태의 논문으로 북한에서도 무료로 접속할 수 있다.

몇 차례 이야기했던 대로, 북한은 김정은 정권 이후로 고난의 행군 시기 훼손된 산림복원을 열심히 하고 있다. 북한에서는 '산림건설총계획'이라는 20년 목표의 장기계획을 수립하고 정책적으로도 지원하고 있다. 과연 그 계획은 잘 이루어지고 있을까. 이것도 우주에서 보면 알 수 있다.

먼저, 평안남도 은산군으로 가보자. 은산군 일대는 그림 83에서 보다시피, 산꼭대기를 향해 농경지가 무리하게 확장된 모습을 볼 수 있다. 우주에서 보아도 언덕과 굴곡이 있는 것이, 산山은 있는데 림林이 많이 사라진 풍경이다. 다행히도 10여 년이 지난 최근 인공위성 영상에서는 무분별하게 확장되었던 농경지들이 그림 84와 같이 다시금 산림山林이 되어가고 있다. 같은 도의 대동군에도 유사한 성과가 보인다. 비옥한 평야 지대인 평안남도에서는 농경지가 많지만 중간중간 있던 산들마저도 사

라질 위기였다. 최근의 인공위성 영상에서는 나무가 줄지어 심

긴 모습이 선명하게 드러난다(그림 85-86).

그림 83   평안남도 은산군 일대 (2013년 10월)
그림 84   평안남도 은산군 일대 (2022년 10월)

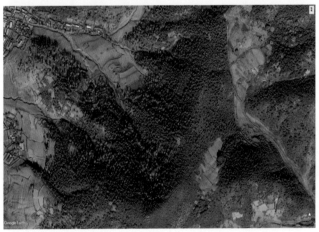

그림 85　평안남도 대동군 와우리 일대 (2010년 9월)
그림 86　평안남도 대동군 와우리 일대 (2021년 9월)

우리가 잘 아는 '개성'시의 개성공업지구, 우리 기업들이 진출했던 공간 주변으로 가보자. 여기도 마찬가지로 산에 나무가 없고, 농경지로 개간했던 흔적만 남은 나대지들이 많았다(그림 87). 다행스럽게도 최근 인공위성 영상에서는 필요한 공간만 농경지로 남기고 적극적인 조림(나무심기)이 이루어진 모습을 볼 수 있다. 개성공업지구 주변은 우리나라 사람들을 비롯하여 외부인들의 출입이 잦고, 파주 통일전망대에서도 보이는 지역이므로 다른 곳보다 적극적으로 훼손된 산림을 복원했다는 이야기도 있다.

그렇다고 북한의 산림이 대체로 복원된 것은 아니다. 개성공업지구 북쪽에 있는 농경지들은 여전히 방치되어 있기도 하고(그림 89), 탈북민들이 자주 거쳐 가는 혜산시의 모습도 아직 민둥산이다(그림 90). 산림건설총계획의 성과가 조금 나타나고 있긴 하지만, 여전히 산림복원의 속도는 더디다. 북한이 그들의 계획을 달성하기 위해서는 연간 20만 ha(서울의 3.3배) 이상의 조림을 해야 하지만, 실제로는 연간 4~5만 ha 수준의 조림이 이루어지는 것으로 분석되고 있다. 속도를 내지 못하는 데는 식량·경제난과 함께 대북 제재로 남북 협력을 비롯한 국제사회의 지원 없이 단독으로 복원하고 있는 것이 주요 이유로 풀이되고 있다.

그림 87　개성공업지구 인근 (2014년 4월)
그림 88　개성공업지구 인근 (2021년 5월)

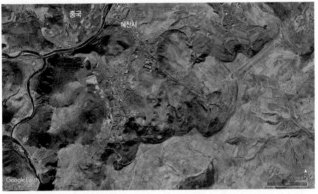

그림 89　2021년 5월 개성 평화리
그림 90　2022년 10월 압록강변 혜산시 주변

북한에도 기후변화가 오고 있을까?

북한의 기후변화

매년 기후변화가 말썽이다. 봄이면 봄대로, 여름이면 여름대로, 그렇다고 추워진다고 기후 관련 뉴스가 끊이지 않고 있다는 것을 모두가 체감할 것이다. 우리가 경험한 것들을 간추리면, 봄에는 가뭄으로 농업용수에 차질을 빚고, 건조해진 대기와 식생은 대형산불로 우리를 위협한다. 여름에는 때 이른 폭염과 열대야로 시름 하다가도 집중호우로 커다란 인명피해와 경제적 손실을 경험했다. 가을이 오면 청명한 하늘과 황금 들판을 상상하지만, 여전히 뜨거운 북태평양으로 인해 10월까지 태풍이 올라

온다. 지구온난화랬는데 겨울엔 이상하게 추운 날들이 많다. 겨우내 눈 한 번 오지 않다가 한 번의 폭설이 교통을 마비시키곤 한다.

북한은 어떤 상황일까? 대단히 넓지 않은 한반도를 지리적으로 공유하며 남과 북에 위치하는 두 지역은 '기후적으로' 유사한 경험을 하고 있을 수밖에 없다. 물론 한반도의 북부를 관할하기에 남한보다 더 춥고 덜 더운 기후를 가지며, 해양의 영향은 덜 받아 강수량이 상대적으로 적은 특징이 있다. 기본적 기후의 차이도 대륙이나 지구적 차원에서 보면 거기서 거기다. 특히 주요 기후재난인 폭염이나 가뭄은 특정 지역에 한정된 영향을 주는 것이 아니라 동아시아 차원으로 나타나는 경우가 많아 남쪽이 덥거나 건조하면 북쪽도 같은 상황이다. 장마전선이 집중호우를 만들고 있을 때, 전선이 수도권을 지나가면 북한에 강한 호우를 내리고 있다는 이야기다.

그렇다면 한반도는 앞으로의 기후변화에서 안전한 곳일까? 안타깝게도 전 세계 평균보다 높은 수준의 기후변화 위험이 나타나고 있고, 앞으로도 그렇게 전망되고 있는 지역이다. 기본적으로 전 세계 평균기온이 지난 100년간 1.09도 오르는 동안, 한반도는 1.6도 상승했다. 이는 위도가 높아질수록 지구온난화의 영향을 크게 받기 때문이다. 그렇기에 북한의 최근 연평균 기온상승 경향도 10년마다 0.45℃로 남한의 0.36℃보다 1.3배나 빠른 것으로 나타났다. 한반도는 온대·냉대 계절풍 기후로 건기와 우기가 나눠지는 기후대인데, 최근 수십 년도 그랬고, 앞으로도 건기도 강해지고 우기도 강해지면서 가뭄과 홍수 두 가지 현상을 모두 대비해야 하는 지역이기도 하다. 또한, 동일한 기후 현상에도 국가 혹은 지역의 상황에 따라 더 큰 위험으로 작용할 수 있는데, 북한의 경우 기후변화 적응에 대한 인프라가 매우 부족하다. 거기다 앞서 다루었듯 황폐해진 산림이 문제가 된다. 산에 나무가 없으면 가뭄 시기에 물 공급도 줄어들고, 집중호우에 따른 산사태 발생 위험도 커진다. 거기다 나무 없는 산에서 토사유출이 지속되면 하천 바닥이 높아져 같은 양의 비가 와도 홍수위험이 증가한다. 이에 따라 북한은 2021년 미국 국가정보국^{DNI}이 꼽은 기후변화대응 취약 우려국 11개 나라 중 하나로 지목되기도 했다.

인공위성은 기후변화에 있어서 어떤 역할을 할 수 있을까? 먼저, 현상을 관측(모니터링)하는 데 효과적이다. 홍수가 발생하고 폭염으로 피해를 입을 때, 피해지역과 규모, 대응 방안을 마련할 수 있도록 돕는다. 우리나라의 대표 인공위성 중 하나인 '천리안 2A호'는 한반도 주변의 기상현상을 10분 간격으로 관측하여 태풍이나 집중호우 예방을 지원한다. 그림 91-92는 2023년 8월 말 천리안 2A호에서 관측한 한반도와 동아시아 지역 모습인데, 한반도에는 비구름만 있지만 일본 동쪽과 대만 주변에는 태풍이 위치하고 있는 것이 보인다.

다소 부정적 소식밖에 없는 북한의 기후변화 이야기에서, 그래도 희망적인 것은 인공위성이 도움이 된다는 것이다. 인공위성을 통해 북한에서 나타나고 있는 기후변화 현상이 사실인지, 어떤 일들이 있는지 확인해 보도록 하자.

그림 91-92   천리안 2A호 위성에서 관측한 한반도(좌)와 동아시아(우) 대기·기상 상황 (2023년 8월 27일)

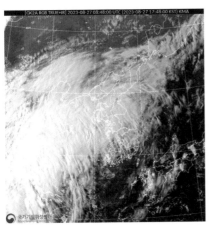

우주에서 본 온도변화

우리가 흔히 '오늘 몇 도(℃)래?' 라고 이야기하는 온도는 대기의 온도를 의미한다. 줄여서 기온. 그래서 일기예보에서도, '오늘 낮 기온은 33도까지 오르겠습니다'처럼 이야기한다. 기온이라고 해도 높은 상층대기는 아니고, 인간이 생활하는 1.5m 높이에서 측정한다. 그런데 이 '기온' 말고 다른 온도가 있다. 볕이 좋은 날, 공기보다 바닥이 더 뜨거울 때가 있다. 물론 반대로 더 차가운 날도 있다. 즉, 지표면의 온도, 땅의 온도를 '지표온도 Land Surface Temperature'라고 부른다. 인공위성에서 관측하는 온도는 대체로 지표온도를 말한다. 특히 도시와 같은 인공지가 많은 곳에서는 지표온도가 대기온도보다 높아 열섬현상 관측에 중요한 지표가 된다.

미항공우주국NASA에서 운용하는 MODIS 인공위성에서 관측한 북한의 지표온도 변화로 지난 20여 년 간 북한에서 나타난 기후변화를 확인해 보았다. 매년 온도의 차이가 있지만 20여 년 동안 각 격자Grid별 변화를 통계적으로 분석하니 그림 94-95와 같이 증가세가 명확히 드러났다. 특히 개마고원을 비롯한 북부지역의 증가가 더욱 두드러졌다. 보통 도시의 확장이 지표면의 인공 열을 증가시켜 지표온도 변화의 원인이 되지만,

북한의 경우엔 도시확장이 많지 않았다. 북한 내에서도 상대적으로 북쪽이면서(고위도) 고도가 높아 온도가 낮은 지역의 온도가 높아진 것은 명확한 기후변화의 시그널Signal이다.

그림 93 인공위성에서 관측한 북한의 지표온도 (2021년 여름)
▶▶ "알통" 앱으로 그림을 비춰보시면 더 많은 자료를 보실 수 있습니다

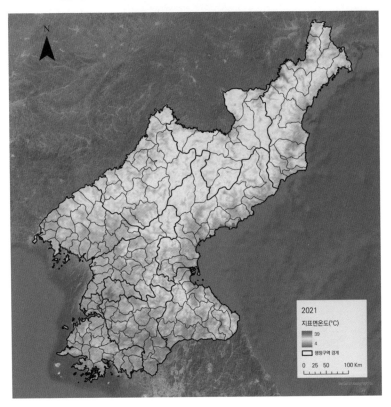

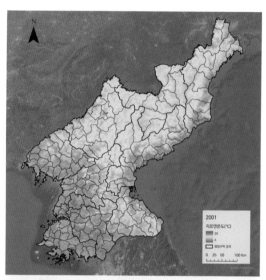

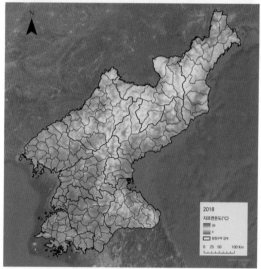

그림 94-95   인공위성으로 관측한 북한 지표면 온도의 시계열 변화

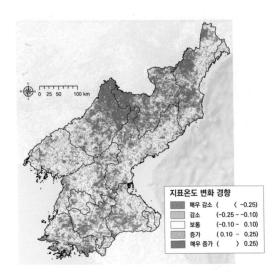

그림 96   인공위성에서 관측된 최근 20여 년 간 북한 지표온도의 통계적 변화 경향 (2000년~2021년)
▶▶ "알통" 앱으로 그림을 비춰보시면 더 많은 자료를 보실 수 있습니다

우주에서 본 태풍의 이동

천리안-2A 위성을 비롯한 기상위성들의 주요 역할 중 하나는
태풍의 경로를 관측하고 예측을 돕는 것이다. 과거에 인공위성
이 없던 시기엔 땅에서 하늘을 보며 태풍과 비구름의 이동을 예
상했지만, 이제는 구름보다 더 높은 곳에서 구름의 이동 경로를
예측해 낸다. 그림 97-99는 2020년 한반도를 관통했던 태풍 '마
이삭'의 경로를 천리안 위성이 관측한 사례이다.

그림 97-99 인공위성에서 관측된 태풍 '마이삭' 이동 경로

　이렇게 인공위성으로 태풍을 관측하다 보니 한반도에 미치는 영향이 달라졌음을 알게 되었다. 기후변화가 심해질수록 뜨거워진 북태평양 수온으로 인해 태풍의 강도가 강해지는 것은 물론, 최근 들어 태풍의 경로가 한반도를 더 자주 향하고 있다는 것이다. 과거에는 태풍이 북상하면서 한반도 북부까지 올라오지 않고 일본이나 동해상으로 빠져나가는 경우가 많았으나, 2010년대부터는 한반도를 관통하거나 한반도 주변에서 소멸하는 태풍이 잦아졌다. 북태평양 고기압이 확장하고 태풍의

강도가 증가하면서 태풍이 아시아 대륙 내부까지 진입할 수 있는 추진력을 갖게 된 것이다. 결국 이러한 현상은 북한과 한반도 전역에 태풍의 피해가 커질 것을 암시하고 있다.

최근 20년 동안 한반도에 영향을 준 태풍들의 관측 경로를 보면 이러한 경향을 확인할 수 있다. 그림 100-102에서와 같이 2000년부터 2009년(2010년 1월)까지의 태풍들은 북한 영역까지 태풍의 세력을 유지한 사례가 하나도 없었다. 하지만 2010년 이후로는 달라졌다. 황해(서해)를 지나 신의주를 지나간 태풍도 있었고, 황해남도에 상륙하거나 북한을 관통하고 중국 지린성까지 북상한 사례도 확인되었다. 2020년대에는 3~4년의 사례밖에 없음에도 한반도를 지나는 태풍이 더 빈번하게 나타났다. 특히 2023년 태풍 '카눈'은 한반도 남부 중앙으로 상륙하여 북한을 지나다 소멸하였는데, 태풍 관측 이래 처음으로 한반도 중앙을 관통하는 태풍이기도 했다.

우주에서 본 태풍의 경로는 점차 북한을 향하고 있음이 분명해졌다. 앞으로 우리의 기상위성이 더 정밀하고 빠르게 태풍의 경로를 예측해 주어 피해를 줄여나가야 하는 상황이다.

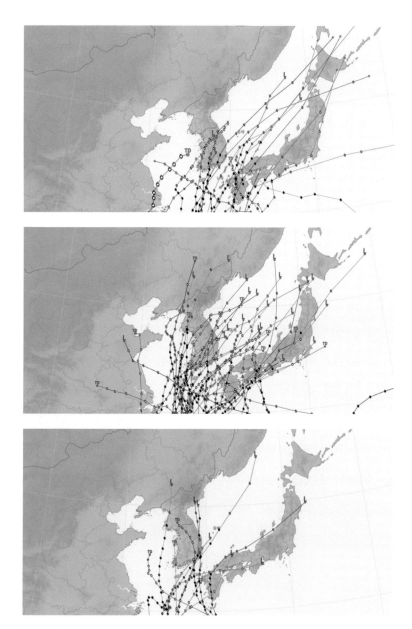

그림 100   2000년 1월에서 2010년 1월까지 대한민국에 영향을 미친 태풍들의 경로
그림 101   2010년 1월에서 2020년 1월까지 대한민국에 영향을 끼친 태풍들의 경로
그림 102   2020년 1월에서 2023년 8월까지 대한민국에 영향을 끼친 태풍들의 경로

우주에서 본 홍수

기후변화로 겪는 가장 큰 재난은 수문학적 재해로 나타난다. 수문학적 재해는 가뭄과 홍수로 대표되는데, 인공위성은 이러한 재난 발생을 대비하거나 피해 현황을 파악하는 데 효과적이다. 2004년 동남아시아 쓰나미, 2022년 파키스탄 대홍수 등 세계적 재난에서도 인공위성이 큰 활약을 해왔다. 북한에서는 어땠을까. 다행스럽게도 아주 큰 홍수나 재난이 확인되지 않았지만, 여름철 집중호우로 침수되는 지역이 종종 확인된다.

이렇게 홍수로 침수 피해가 있을 때 유용한 인공위성은 흔히 'SAR^{Synthetic Aperture Radar}'라고 부르는 위성이다. 한국어로 '합성개구레이더'라고 표기하는데, 여기서 우리에게 익숙한 표현은 '레이더'일 것이다. 여태까지 본 인공위성과 가장 다른 점은 활용하는 에너지에 있다. 우리 눈이나 흔히 사용하는 스마트폰 카메라, 그리고 지구를 관측하는 일반 인공위성에 장착된 센서들은 태양에너지가 지구에서 반사된 에너지를 측정하는데, 이를 '수동형 센서'라고 부른다. 반면 SAR는 인공위성에서 전자기파를 지구로 쏘고, 해당 전파가 다시 레이더 안테나로 돌아오는 시간을 측정하여 영상을 구성하는 원리이다. 에너지를 쏘고 다시 받는 형태이므로 이를 '능동형 센서'라고 부른다. '합성개구'는 안테나의 크기를 제한하면서도 영상의 질^{Quality}을 높이는 방식을 설명한다. 설명은 복잡하지만 가장 큰 장점은 태양에너지를 사용하지 않기에 밤낮과 구름·날씨의 제약에서 자유롭다는 점이다. 기존 태양에너지를 이용하는 광학^{Optical} 인공위성의 경우 지구관측에서 가장 큰 제약은 대기상태였다. 특히 비가 오는 시기, 홍수가 날 때, 대체로 구름이 지상을 가리고 있기에 어려움이 있었다. 이때 유용한 옵션이 바로 'SAR'인 것이다.

2022년 8월 북한 황해남도에 발생한 홍수를 인공위성이 포착했다. 홍수가 있기 전, 황해남도 신원군 일대의 풍경은 그림 103과 같다. 유럽항공우주국^{ESA}의 대표적 광학 인공위성인 Sentinel-2호로 관측한 영상이다. 하천의 물을 막아 농업용수로 사용하고, 농경지가 많은 전형적인 농촌의 모습이다. 8월에 호우가 있던 이후 대부분의 농경지가 침수되었고 농가들도 많은 침수 피해가 예상되는 상황이다. 다만 광학 인공위성에서는 구름이 가리고 있어서 정확한 침수 면적 산적에 어려움이 있었다. 사실 그림 104는 구름이 걷혀서 상당히 잘 보이는 날로 고른 영상이었다. 이 사례를 유럽항공우주국^{ESA}의 SAR 위성인 Sentinel-1호로 관측해 보니 그림 105와 같이 구름의 제약 없이 침수된 지역을 붉은색으로 찾아낼 수 있었다(침수지역을 붉게 표기한 것임). 물론 레이더 영상이므로 우리가 눈으로 보는 이미지와는 다르지만 몇 가지 영상처리를 통해 유사하게 만들어 낼 수도 있다.

2023년 우리나라 우주기술에 한 획을 그은 '누리호' 발사 성공에는 SAR 위성도 포함되어 있다. 누리호가 우주로 보낸 인공위성들 속에 우리나라 독자 기술로 개발된 SAR 인공위성이 담겨 있었고, 궤도에 안착했다. 이제는 한반도에 홍수와 같은 재난 상황에도 우리 기술로 만든 인공위성으로 빠르게 관측할 수 있게 된 것이다.

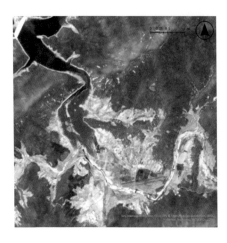

그림 103 Sentinel-2호 위성으로 관측한 2022년 6월 황해남도 신원군 일대 모습 (가시광선)

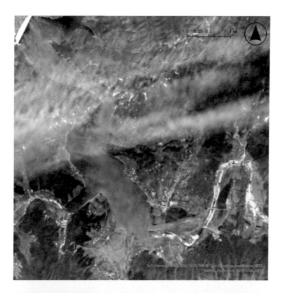

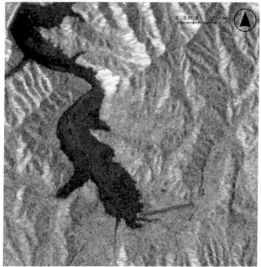

그림 104　Sentinel-2호 위성으로 관측한 2022년 8월 말 황해남도 신원군 일대 모습 (가시광선)
그림 105　Sentinel-1호 위성으로 관측한 2022년 8월 말 황해남도 신원군 일대 모습 (SAR)

미세먼지,
남한 vs 북한 승자는?

한반도의 미세먼지 현황

우리나라는 봄철과 겨울철에 COVID-19 팬데믹 이전에도 미세먼지로 인해 마스크를 끼는 날이 많았다. 바이러스보다 우리의 건강을 먼저 위협한 것이 바로 미세먼지였다. 그렇다면 우리나라 바로 위에 있는 북한에서는 어땠을까? 역시나 인공위성을 북쪽의 미세먼지 농도를 확인할 수 있다. 대부분의 분석 결과는 북한의 미세먼지가 남한보다 더 심각하다고 이야기한다. 지난 2000년부터 2017년까지 발표된 세계은행^{WB}·세계보건기구^{WHO} 등의 발표 자료를 바탕으로 분석한 자료에서 북한의 초미세먼지 배출량은 36.5㎍/㎥로 한국(28.3㎍/㎥)보다 1.3배 높은 것으로 나타났다KOFRUM. 북한이 연소율과 열효율이 낮은 취사·난방 연료와 질이 낮은 석탄을 많이 사용해 초미세먼지를 많이 배출하는 것으로 확인되고 있다. 화력발전소·산업용 보일러·자동차·가정에서 사용되는 화석연료가 초미세먼지의 증가 요인으로 꼽혔다. 특히 석탄과 중유는 북한 최대 도시인 평양과 인근 공업 지구의 주요 대기 오염물질이라고 지적되고 있다.

한국대기환경학회지에 발표된 논문에서는 2015년 기준 북한의 에너지 소비량은 남한의 25분의 1 정도에 불과함에도 2008년 기준으로 미세먼지(PM10)와 초미세먼지(PM2.5) 배출량은 각각 2.6배, 2.3배에 달한다고 밝혔다(김인선, 김용표 등, 2019). 해당 연구에서도 장작, 농업 부산물, 동물 폐기물, 목탄을 비롯한 생물성 연료와 석탄의 사용 비율이 매우 높기 때문으로 지적된다.

또 다른 분석에서 수도권의 초미세먼지 중 북한에서 온 미세먼지는 14.7%에 달한다고 파악했다(대기환경학회지, 2018). 그러나 북한은 배출되는 대기오염물질을 체계적으로 관리하지 않고 모니터링을 통한 현황 파악도 제대로 이뤄지지 않고 있는 것으로 확인되고 있다. 북한 정부는 엄격한 대기환경기준을 정해놓았지만, 자금 및 설비 부족, 관련 시스템 부재 등으로 인해 규제 효과는 미미한 상태이다. 북한 측이 참여해 발간된 유엔환경계획UNEP 보고서에 따르면 북한의 대기오염물질 모니터링은 기술적 한계로 체계적인 운영이 이뤄지지 않고 있다.

우리나라의 대기환경 관측 위성인 천리안 1호 위성을 활용하여 북한의 초미세먼지를 관측할 수도 있다. 천리안 1호 위성에서 북한의 초미세먼지는 남한의 1.5배 이상으로 확인되었다. 우리나라가 초미세먼지로 봄철·겨울철 어려움을 갖고 있지만, 북한에 비해서는 깨끗한(?) 편이라는 증거가 위성으로 확인된 것이다. 북한 전역의 초미세먼지 연평균 농도는 2015년에는 ㎥당 43.5㎍이었고, 2016년에는 40㎍/㎥, 2017년에는 41.1㎍/㎥, 2018년에는 42.7㎍/㎥로 추정했다. 평양의 경우 초미세먼지 연평균 농도가 2015년 55.7㎍/㎥, 2016년 50.4㎍/㎥, 2017년 45.4㎍/㎥, 2018년 47.2㎍/㎥로 나타나 같은 기간 서울 오염도의 1.94배에 달한다. 2015~2018년 북한 전역의 초미세먼지 평균 추정치는 41.8㎍/㎥, 평양은 49.6㎍/㎥이다. 같은 방식으로 산정했을 때 남한 전체는 27.5㎍/㎥, 서울은 25.5㎍/㎥. 실제 측정치로 보면 남한 전체의 초미세먼지 연평균치는 2015년

26㎍/㎥, 2016년 26㎍/㎥, 2017년 25㎍/㎥, 2018년 23㎍/㎥로 평균 25㎍/㎥로 측정됐고, 2021년에는 18㎍/㎥를 기록. 서울의 경우 2015년 23㎍/㎥, 2016년 26㎍/㎥, 2017년 25㎍/㎥, 2018년 23㎍/㎥로 평균 24.3㎍/㎥를 기록했으며, 2022년에는 18㎍/㎥까지 개선되는 점과 대비된다.

인공위성으로 관측하는 초미세먼지

천리안 위성을 비롯하여 인공위성을 활용하여 한반도 지역의 대기환경을 상세하게 관측할 수 있다. 한반도뿐 아니라 우리에게 영향을 주는 중국과 전 세계 많은 지역을 인공위성으로 관측하고 있다.

한눈에 봐도 중국 내 화북지역과 인도 대부분 지역의 초미세먼지 농도가 매우 높은 것을 알 수 있다. 한반도 또한 수도권과 서해안 가에 붉은 부분들이 보인다.

동아시아 차원에서, 시간과 공간의 관점에서 보면, 중국의 경제성장이 활발해짐에 따라 중국의 미세먼지가 점점 심해지다가 경기가 둔화하는 2015년쯤부터 점차 옅어지는 모습이 보인다. 물론 자체적인 저감 정책의 영향도 존재할 것이다. 한반도의 미세먼지 또한 중국의 영향을 받는 모습이 인공위성에서 확인되고 있다. 2003년, 2006년, 2008년, 2009년, 2014년, 2015년 지도에서 볼 수 있듯이 중국 중부와 만주, 요동 지방의 초미세먼지 농도가 커질수록 북한의 미세먼지 농도도 덩달아 올라간다. 북한 내에서 자체적으로 발생하는 초미세먼지도 물론 있으나 중국의 영향을 무시할 수 없다는 것을 보여준다. 우리나라 또한 중국의 초미세먼지 농도가 가장 높았던 2000년대에 똑같이 초미세먼지가 심하다가 중국의 상태가 완화되면서 농도가 함께 감소하는 모습을 볼 수 있다. 재밌는 사실은 COVID-19가 한창이던 2021년, 중국의 초미세먼지 농도가 다소 낮아졌고, 덕분에 동아시아 전반의 대기는 깨끗해졌다는 것이다. 사실 지금 보고 있는 초미세먼지 농도는 '연평균'이므로 중국에서 이동하는 월경성 대기오염이 상당히 상쇄되어 보이는 모습이다. 계절적이나 특정 시기로 한정하면 중국의 영향은 더 커질 수밖에 없다.

초미세먼지의 연평균 농도가 30μg/㎥ 이상일 경우 매우 높은 수준을 의미한다. 모든 연도에서 30μg/㎥가 넘는 고농도 면적은 북한이 남한보다 넓었다. 2020년 이후에는 15μg/㎥ 이

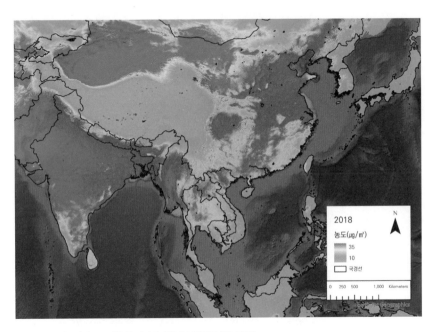

그림 106　인공위성으로 관측한 아시아지역 초미세먼지 (2018년)
　　　　　 (붉을수록 초미세먼지 농도가 높고, 푸를수록 초미세먼지 농도가 낮다.)

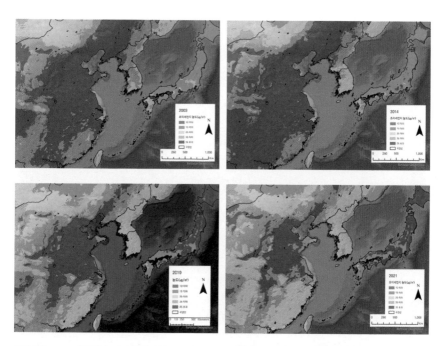

그림 107-110 　인공위성으로 관측한 동아시아 지역 초미세먼지(2003, 2014, 2019, 2021년)

그림 107·그림 110 ▸▸ "알통" 앱으로 그림을 비춰보시면 더 많은 자료를 보실 수 있습니다

하의 저농도 면적이 북한에서 더 넓긴 했으나 동해안 가에 집중되었다. 북한 내에선 평양과 평안남도 서쪽, 북쪽 국경지대가 가장 심하다는 점을 알 수 있다. 중국의 영향에서 비교적 자유롭고 인구밀도가 적은 고지대, 동해안, 남쪽 지역이 그나마 초미세먼지 농도가 낮은 것이 인공위성을 통해 확인되었다.

앞으로 북한의 미세먼지는?

인공위성에서 관측한 북한의 초미세먼지 농도는 평양과 남포, 북창(평안남도), 문천(북한 강원도) 등 4곳의 오염이 특히 심한 지역으로 지목된다. 평양은 인구가 많고 산업시설이 많은 대도시이고, 남포는 항구이면서 조선·제련 산업이 자리 잡고 있으며, 북창은 북한에서 가장 큰 화력발전소가 있는 것이 그 원인으로 보고 있다. 그럼에도 북한의 대기오염은 전반적으로 개선되는 추세로 보인다. 북한 전체 미세먼지 농도는 연평균 4.8%씩 감소하는 것으로 관측되고 있다. 대기오염의 전반적인 개선은 석탄 연소의 감소 덕분인 것으로 추정되며, 대기오염 더 줄이기 위해서는 굴뚝 매연을 통제해야 하고, 바이오(나무) 연료 소비를 줄일 필요가 있다. 이는 북한의 산림황폐화 원인이기도 했다.

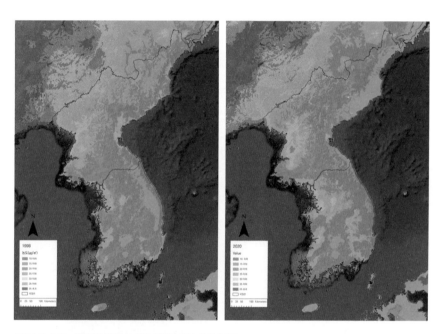

그림 111-112   인공위성으로 관측한 한반도 지역 초미세먼지

그림 112 ▸▸ "알통" 앱으로 그림을 비춰보시면 더 많은 자료를 보실 수 있습니다

그럼에도 여전히 갈 길은 멀다. UNEP에 따르면, 지난 2019년 북한 주민 2만 1,590명이 실외 미세먼지로 인해 사망했다고 자유아시아방송이 보도했다. 북한 인구 10만 명당 실외 미세먼지로 인한 사망자는 82명에 달한다. 남한의 경우 총사망자 수가 2만 1,837명으로 북한과 비슷했지만, 인구 10만 명당 사망자는 41명으로 북한의 절반 수준이다. 다행히 UNEP에서 제시한 9개 목표 중 5개를 달성하는 등 대기질 개선 권고사항을 수행하는 모습은 보인다.

▶▶ "알통" 앱으로 그림을 비춰보시면 더 많은 자료를 보실 수 있습니다

북한의 강물은 깨끗할까?

북한의 주요 강

전 세계가 그랬듯, 한반도에서도 하천을 중심으로 농업과 도시가 발달하였고, 지금도 주요 도시들이 하천을 통해 생활용수, 농업용수, 공업용수 등을 공급받고 있다. 남쪽에는 한강과 낙동강, 금강, 영산강, 섬진강 등이 대표적이다. 북쪽에도 대동강, 압록강, 두만강, 청천강, 예성강 등 큰 하천들이 있다. 평양을 관통하는 대동강(하천길이: 450.3km), 백두산에서 발원하여 북·중 국경을 만드는, 압록강(803.3km)과 두만강(547.8km)이 대표적이다. 이 하천들은 상류에서는 수력에너지 자원으로, 하류에서는 농업·공업용수로 활용되며 북한의 생활에서 중요한 부분을 차지한다.

다만, 여기에 중요한 문제가 숨어있다. 북한 주민이 당면한 문제들, 식량이나 전기 그 외에도 여러 문제가 있겠으나, 필자는 '식수 위생' 문제가 가장 시급히 해결되어야 하는 부분이라고 생각한다. 2022년 세계보건기구와 유엔아동기금, 세계은행이 공동으로 발간한 '세계 식수 현황' 보고서에 따르면, 북한에서 안전하게 관리된 식수를 사용하는 인구의 비율은 10명 중 6명 수준(66%)이었다. 이는 최빈국이 모여있는 사하라 이남 아프리카와 유사한 수준이다. 더욱 안타까운 것은 북한의 하수처리 비율이 14%에 불과하다는 점이다(2019년 기준). 이로 인해 상류에서 배출된 하수가 그대로 상수원으로 유입되어 식수에 영향을 줄 가능성이 매우 높다. 분뇨의 경우, 대부분 재래식 변소를 사용하고 특별한 처리를 하지 않기에 비가 오면 하천을 오염시키게 된다. 이러한 이유로 상수원이 병원성 세균이나 대장균에 노출되기 쉽고 주민 건강에 직접적 영향을 끼칠 수 있다. 특히, 대도시나 공장, 광산 지역 등을 통과하는 북한 주요 강들의 오염이 매우 심각한 것으로 알려졌다. 두만강의 경우, 무산탄광, 회령제지공장, 중국 개산툰펄프공장 등에서 탄광 폐수나 표백제, 생활오수가 유입되고 있다. 2019년 태풍 '링링'이 북한을 강타한 뒤 전염병이 확산해 주민들이 고통을 호소한 사례도 있는데, 오염된 식수가 질병 확산의 주원인인 것으로 보고되었다.

우주에서 본 북한의 수질

하천의 수질은 직접 방문하여 측정하는 것이 물론 가장 정확하지만, 우주에서도 개략적 수준을 측정해 낼 수 있다. 표준화혼탁지수NDTI, Normalize Difference Turbidity Index라는 지표를 통해 인공위성에서 관측한 영상에서 하천의 혼탁함을 알아낼 수 있다.

먼저, 남북의 가장 큰 도시를 관통하는 하천의 혼탁함을 비교해 보자. 서울의 한강과 평양의 대동강의 혼탁함은 멀리서 보았을 때는 큰 차이가 두드러지진 않았지만, 대동강이 조금 더 혼탁하게 보였다(그림 114). 동네 수준으로 확대하여 위성영상을 분석한 결과에서는 한강의 수질이 더 나은 것이 잘 드러났다(그림 113).

그림 113   서울 주변 한강의 표준화혼탁지수
그림 114   평양 주변 대동강의 표준화혼탁지수

그림 115 성수대교를 중심으로 한강의 표준화혼탁지수
그림 116 양각도를 포함한 대동강의 표준화혼탁지수

남한 경상권의 낙동강과 북한 북·중 국경의 압록강, 두만강을 비교해 보면 어떨까. 낙동강은 남한에서 가장 긴 하천, 압록강은 북한에서 가장 긴 하천이다. 하천의 수질은 상류에서 맑다가 하류로 갈수록 오염되므로 하류를 중심으로 비교하는 것이 의미 있다. 부산광역시를 지나는 낙동강의 하류는 생각보다 덜 혼탁한 느낌이다(그림 117). 대체로 표준화혼탁지수에서 푸른 계열을 보이고 있다. 많은 공업단지와 농업지역, 대도시를 지나면서도 수질관리가 어느 정도 되어있음을 의미한다. 반면 북한의 신의주와 중국 단둥 사이를 흐르는 압록강 하류의 경우, 낙동강에 비해 확연히 혼탁한 양상을 보인다(그림 118). 강의 오른쪽은 북한, 왼쪽은 중국인데, 우주에서 보아도 풍경이 사뭇 다르다. 두만강의 모습은 조금 더 심각해 보인다. 비가 많이 온 다음 날 강의 모습처럼, 아주 혼탁해 있는 수질을 보이고 있다.

그림 117 낙동강 하류의 표준화혼탁지수(가운데 긴 선(Line)이 보이는 곳이 김해공항의 모습이다)
그림 118 압록강 하류의 표준화혼탁지수

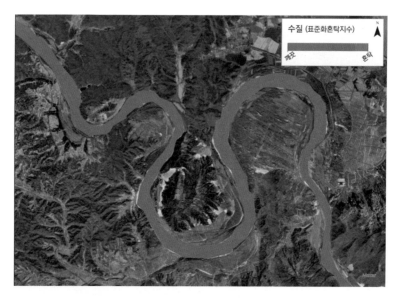

그림 119   아오지를 포함하는 두만강의 표준화혼탁지수

한반도의 동남쪽 대도시 부산과 북동쪽 대표 도시 신의주를 통과하는 두 하천의 수질이 사뭇 다르다는 것을 인공위성이 알려주었다. 도시 주변 하류 지역을 확대하여 비교해도 하천의 혼탁함에서 큰 차이가 나타났다(그림 120-123). 남북의 하천은 언제부터 이렇게 수질이 달랐을까.

한강이나 낙동강도 1990년대까지만 해도 수질이 좋지 않았다. 1970년대까지는 하수처리도 정상적으로 이루어지지 않

그림 120-121　낙동강공원(좌)과 낙동강대교(우) 주변 낙동강의 표준화혼탁지수
그림 122-123　신의주(좌)와 옷섬(우) 주변 압록강의 표준화혼탁지수

앗고, 하수처리장이나 정화조 등의 위생시설 증설이 오염물질 증가를 따라가지 못했었다. 수도권과 부산광역권에서 급격한 인구 증가와 도시화로 오염물질이 하천으로 빠르게 유입되었던 것이다.

　나도 1990년대 서울의 한강이나 중랑천의 모습을 기억한다. 내 모친께서는 1960년대 중랑천에서 수영을 했었다고 종종 이야기하셨지만, 1990년대 한강과 중랑천의 수질은 몸은커녕 차마 발도 담그기 싫었던 상태였다. 그러다 환경관리에 대한 사회적 수요가 높아지면서 수질과 수변 지역이 정비되기 시작했고, 2010년대가 되니 하천은 시민의 휴식 공간으로 자리를 잡게 되었다. 경제성장이 깨끗한 환경에 대한 수요를 증가시키고 일정 시점이 도래하면, 경제성장과 환경오염은 더 이상 동조Coupling하지 않고, 탈동조Decoupling하게 된다는 환경정책의 주요 이론과 부합한 이야기다.

그렇다면 북한 하천들의 수질도 결국 경제와 사회적 변화가 필요하지 않을까.

북한의 대책은 있을까?

조사한 시점은 다소 오래되었으나, 유엔환경계획UNEP과 북한 국토환경보호성이 공동으로 조사해 2012년 공개한 '북한 환경과 기후변화 전망'DPRK Environment and Climate Change Outlook 보고서는 평양의 대동강을 비롯한 주요 하천의 수질오염 문제가 점차 심각해지고 있다고 밝힌 바 있다.

다행스러운 것은 북한도 평양을 중심으로 수질개선을 위한 다양한 대책을 세우고 있는 것으로 확인되고 있다. 일례로 평양 관통하여 대동강으로 합류하는 '보통강'의 생태환경을 보호하고 개선할 것에 대한 당의 뜻에 따라 수질개선에 대한 과학기술적 대책을 세우기 위한 사업이 진행되고 있다. 이 사업에는 국가과학기술위원회, 도시경영성, 김일성종합대학, 평양건축대학, 국가과학원, 평양시과학기술위원회 등이 참여하고 있다.

　　이 같은 상황에서 김정은 국무위원장이 2022년 8월 보통강 변 테라스식 고급 주택 건설 현장을 찾아 보통강 수질개선을 주문하면서 강물 정화가 핵심과제로 떠올랐다. 곧바로 북한은 국가과학기술위원회와 도시경영성, 김일성종합대학, 평양건축대학, 국가과학원, 과학자와 기술자를 총동원해 강물 개선 사업에 나섰다. 그리고 같은 해 10월에 최고인민회의에서는 보통강의 수질관리를 위해 오염 방지법을 채택해 시행에 들어갔다.

　　북한이 보통강 수질개선에 안간힘을 기울이면서 악취가 제거되는 등 약간의 성과가 나타나고 있는 것으로 보인다. 또한, 북한은 사회안전성을 동원해 쓰레기 투기 행위를 단속하고 있다고 북한 언론은 전했다. 해당 언론은 "비상방역 강화로 보통강 반(변)에서의 유희 오락이 금지되고 있다" 라면서 "평양시 사회안전부 소속 민간인 규찰대를 조직해 보통강에 플라스틱 병, 술병, 등 각종 음식물 쓰레기를 버리는 행위에 대해 단속하고 있다" 라고 설명했다.

보통강의 일부 수질개선 상황에 정화시설의 현대화나 확충 작업이 이뤄졌을 가능성도 제기된다. 대부분의 수질오염이 하수도 처리 시설 부족으로 인한 오·폐수 및 생활하수 유입으로 발생하는데, 북한은 그동안 정수시설이나 오·폐수 처리 시설이 노후화돼 생활하수를 제대로 정화하지 않은 채 그대로 강으로 방류한 것으로 알려졌다. 이런 상황에서 몇 차례 수질정화 사업을 하거나 쓰레기 유입만 단속해서는 눈에 띄는 변화를 끌어내기 어렵다. 이에, 북한이 오염방지법을 통해 보통강 주변 기관과 기업에 현대적인 오·폐수 정화시설을 설치하게 유도한 것이 수질개선에 더 큰 영향을 미쳤을 가능성이 있다.

다만, 북한 전반적인 수질개선을 위해서는 결국 경제성장과 사회변화가 동반되어야 한다. 지금의 보여주기식 일부 대책은 아쉽게도 인공위성에서조차 확인되기 어렵다.

북한의 갯벌도
사라지고 있을까?

북한의 갯벌들과 그 현황

북한에도 물론 갯벌들이 존재한다. 사실상 서해안 전체에 갯벌 지대가 존재하며 압록강 하구, 청천강 하구 지역이 특히 유명하다. 이 외에도 마안도, 대동만, 옹진만 간석지 등이 존재한다. 동해안에도 두만강 하구 갯벌이 있다. 그 가치 또한 결코 소홀히 할 수 없다. 해마다 8만 마리 이상의 물새가 서식하며 동아시아-대양주 철새 이동 경로 파트너십으로 등재된 청천강 하구의 문덕 갯벌은 2008년에 람사르습지로 등재된 바가 있다. 나선 철새보호구 또한 람사르습지로 등재되었고 금야철새보호구는 동아시아-대양주 철새 이동 경로 파트너십으로 등록돼 있다.

갯벌은 북한 주민들의 생계유지를 위해서도 중요한 역할을 한다. 특히 압록강 하구 갯벌 지대에서 어업활동을 진행하는 주민들의 사례가 알려져 있다. 평안북도 용천군의 한 주민은 2022년 인터뷰를 통해 "요즘 용천군 사람들은 아침부터 저녁까지 압록강과 서해 바다가 만나는 지역의 갯벌에서 갈게를 잡느라 정신이 없다", "주민 한 명이 하루에 잡는 갈게는 보통 2킬로 정도이다"라고 자유아시아방송에 전하기도 했다. 해당 주민들은 이어서 "어떻게 해서든 쌀 1킬로 가격은 벌어보겠다고 용천 사람들은 압록강 하구의 갯벌 바닥을 파헤치면서 갈게를 잡아 장마당에 내다 팔아 생계를 이어가고 있다", "하루 종일 갈게 잡이에 나서는 주민들 속에는 춘궁기에 들어서면서 먹을 것이 떨어진 협동농장 농민들이 많다" 라고 말했다. 이외에도 갯벌을 통해 생업을 이어 나가는 어민들은 상당한 것으로 파악되고 있다.

그러나 북한에서도 적지 않은 간척이 이루어지고 있어 갯벌 환경파괴가 우려되고 있다. 김일성 주석은 1958년 압록강 하구 비단섬을 개간한 것을 시작으로, 1980년 제6차 당대회에서 "인민들의 먹는 문제를 원만히 풀기 위해서는 30만 정보(약 29.7㎢)의 간석지를 개간하여야 한다"라고 지시했다. 김정은 위원장은 2016년 국가경제발전 5개년 계획에서 간석지 개발을 역점 과제로 꼽았으며, 지난해 8차 당대회에서도 '대자연 개조 사업'을 중점으로 내세웠다.

북한 당국은 식량난 해소를 위하여 농지확보 목적으로 1980년대 이후 꾸준히 간척사업을 벌여왔다. 북한 내 주요 간척사업이 진행된 지역은 총 12곳으로, 대계도와 홍건도 사업이 규모가 가장 크다. 대계도는 2010년 8㎢를 매립했다. 이외에 다사도, 곽산, 안석, 금성, 운촌, 서해리-능금도, 용매도, 월도, 싸리섬, 강령 등에서 진행되었다. 38north에 따르면 2010년 이후로 간척으로 개간한 면적이 최소한으로 산정해도 200㎢를 넘을 것으로 예상하고 있다. 서울 전체 면적이 605㎢이니, 최소 서울의 1/3 이상이 간척으로 개간된 것이다.

COVID-19 팬데믹 이후로도 간척은 멈추지 않았다. 당장 2022년 12월 28일 노동당 기관지 노동신문은 평안북도 월도 간척지 간척사업을 끝내고 990만 평에 달하는 새 땅을 확보했다고 밝혔다. 신문은 "평안북도 간석지건설종합기업소의 일군

(간부)들과 노동계급은 자력갱생, 견인불발의 의지로 중첩되는 시련과 난관을 완강히 이겨내며 월도간석지를 부흥 강국의 재부로 훌륭히 일떠세웠다"고 전했다. 이어 "철산군 장송지구부터 월도·보산지구를 연결시키며 아득히 뻗어나간 방조제들을 따라 윤환선 도로가 형성되고 3천300여정보(990여만평)의 드넓은 간석지가 새땅으로 전변됐다"고 소개했다. "횡포한 자연의 광란을 길들이며 630만㎦의 성토공사와 50여만 ㎡의 장석 쌓기를 진행하고 배수문을 비롯한 구조물들을 건설하여 수십 리 날바다를 가로막는 대자연 개조 사업이었다"고 주장했다.

우주에서 본 북한의 갯벌의 상황

다음은 인공위성 영상을 통해 보는 북한의 갯벌 모습들이다. 그림 124는 압록강 하구의 갯벌이 인공위성에서 포착된 모습이다. 하천 하구에 갯벌이 연결되는 모습이 우리나라 서해안 모습과 사뭇 닮았다. 같은 한반도 서쪽 해안이기에. 그림 124의 오른쪽에는 인공위성 사진의 모습이 조금 어둡고, 색감이 다른 모습이 보인다. 갯벌 위의 육지에는 네모나게 토지정리가 된 농경지의 모습인데, 농경지의 색감도 다른 모습이다. 무슨 차이일까? 이

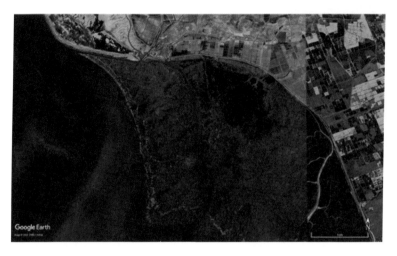

그림 124　CNES 위성이 촬영한 2022년 8월의 압록강 하구 변의 갯벌 이미지

것은 인공위성에서 흔히 발생할 수 있는 촬영 시기의 차이를 말한다. 오른쪽 부분은 겨울이 끝나기 전 눈이 일부 덮여있는 모습이다.

　그림 125 또한 북한의 흔한 서해안 갯벌 모습이다. 평안도지역은 바닷물이 가장 적은 간조와 바닷물이 가장 많은 만조의차이가 약 12m에 이를 정도로 조수간만의 차가 크다. 이러한조수간만의 차가 그림 125에서 잘 드러나고 있다. 자세한 설명을하지 않으면 우리나라 충남 서해안인가 싶은 모습이다. 해안 평야 지대에 집중된 농경지와 방조제는 우리나라 사람들에게 익

그림 125　CNES 위성이 촬영한 2022년 10월 암두리 해변의 갯벌 이미지

숙한 풍경이다. 썰물(간조) 때만 갈 수 있는 섬은 북한판 '모세의 기적'으로 불리기도 할 것이라.

이렇듯 북한의 갯벌은 우주에서 잘 보인다. 또한 우리나라의 모습과 아주 닮아있다. 그런데 갯벌이 사라지고 있는 것 또한 닮아있을까.

또 다른 북한의 갯벌을 살펴보면, 북한이 최근 갯벌을 어떻게 활용하고 있는지 조금 더 분명하게 알 수 있다. 평안북도 해안에 위치한 신미도 주변 갯벌에는 최근에 설치된 것으로 보이는 방조제가 넓게 보인다(그림 126). 방조제 내부에는 갈색 땅이 유독 넓게 보이는데, 무슨 일이 벌어지고 있는 것 같으니 조금 더 자세히 봐보아야겠다.

그림 127과 그림 128은 방조제 주변을 더 세밀하게 관측한 인공위성 영상이다. 그림 127은 2014년, 그림 128은 2022년으로, 과거와 현재 시기 인공위성 관측을 통해 그사이에 무슨 일이 일어났는지 확인해 볼 수 있다. 2014년 인공위성 영상에서는 갯벌이 선명하게 관측되고 있으며, 방조제가 연결되지 않은 것이 아직 건설 중인 듯한 모습이다. 다만, 2022년이 되니, 갯벌이었던 넓은 지역이 경지정리가 된 농경지로 바뀌어 있는 모습이 눈에 띈다. 그 사이에 방조제가 완성되고 간척사업이 이루어지면서 해안선이 완전히 바뀐 것이다. 농경지가 넓어지면서 북한 주민에게 조금의 식량이 더 보급되었을 수 있으나, 넓은 갯벌이 자취를 감추었다. 2010년대 이후로 이 지역에 간척 활동이 이루어졌다는 소식이 인공위성으로 확인된 것이다.

인공위성 원격탐사에서 물을 관측할 때 쓰이는 대표적 방법이 있다. 정규화수분지수NDWI: Normalized Difference Water Index라는 지수Index가 있는데, 이 지수는 우리 눈으로 보는 가시광선보다 파장이 긴 근적외선Near Infrared과 단파적외선Short-wave Infrared의

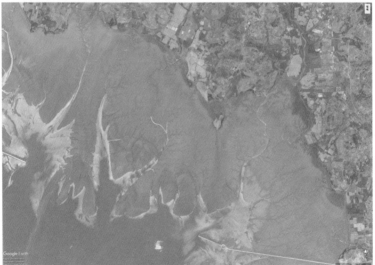

그림 126 Landsat-8 위성이 촬영한 신미도와 가도, 간척지를 포함한 2020년 12월 영상
그림 127 CNES 위성이 촬영한 2014년 10월의 영상

그림 128　Maxar 위성이 촬영한 2022년 9월 이미지

조합을 통해 지구 표면에서 물의 유무를 우리 눈보다 더 잘 확
인해 준다. 이 NDWI를 통해 북한의 갯벌들의 상황을 보면 어떤
상황인지 조금 더 쉽게 알아낼 수 있다.

　그림 129, 그림 130은 각각 2014년, 2022년의 9월 1일~11월
1일 기간의 신미도 주변의 인공위성 영상으로 NDWI로 표출하
였다. 물이 많을수록 파란색, 땅에 가까울수록 갈색으로 표현되
도록 설정한 이미지이다. 눈으로 보는 것보다 조금 선명하게,

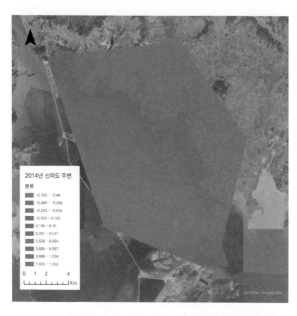

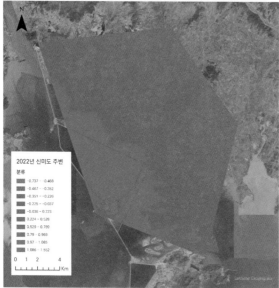

그림 129   2014년 평안북도 신미도 주변 해안의 정규화수분지수
그림 130   2022년 평안북도 신미도 주변 해안의 정규화수분지수

그림 130 ▶▶ "알통" 앱으로 그림을 비춰보시면 더 많은 자료를 보실 수 있습니다

갯벌을 의미하는 갈색과 파란색의 혼합 지역이 줄어들고 갈색 땅들이 증가하는 모습이 드러난다.

두 시기뿐 아니라 여러 시기의 인공위성 영상과 NDWI를 통해 사라지는 갯벌과 간척사업의 진행을 확인해 볼 수도 있다. 특히, NDWI의 값을 일정 기준으로 분류하여 물과 땅, 젖은 땅 등으로 나누면 조금 더 이해가 쉽다. 이렇게 만들어진 그림 131-138은 매년 달라지는 신미도 주변 해안선의 모습을 설명하고 있다. 2015년 방조제가 완성되었고 매년 바다와 갯벌은 줄어드는 모습을 볼 수 있다. 결국 2022년 신미도 주변 해안에는 갯벌이 거의 남아있지 않고 대부분 마른 땅으로 변해 버린 안타까운 모습을 보게 된다(그림 139). 물론, 북한 주민들에게 더 넉넉한 식량을 공급하기 위해 농경지를 개간하는 것이 아쉬운 일은 아니다. 그들은 결코 땅이 없어서 굶고 있던 것이 아니었고, 천혜의 갯벌 생태계를 지키면서도 식량을 공급할 방법이 있다는 것을 우린 이제 알고 있다.

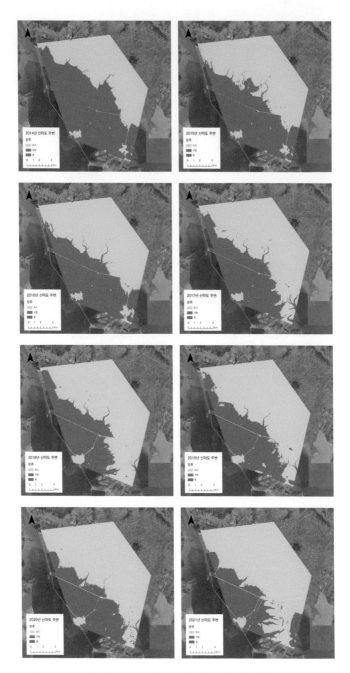

그림 131-138   2014년~2021년 평안북도 신미도 주변 해안선 변화

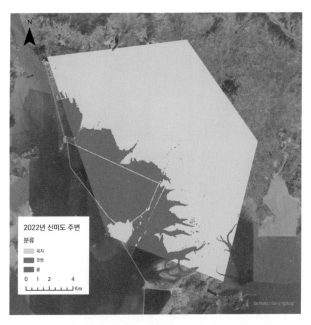

그림 139   2022년 평안북도 신미도 주변 해안선
▸▸ "알통" 앱으로 그림을 비춰보시면 더 많은 자료를 보실 수 있습니다

　　북한의 식량문제로 인한 갯벌 간척은 오랜 시간 동안 이루어지고 있다. 평안북도 신미도 주변 외에도 북한 서해안에는 수많은 간척이 이루어지고 있는 것이 인공위성에서 확인되었다(그림 140). 그림 140-①는 청천강 하구 인근 평안남도 지역, 그림 140-②는 대동강 하구에서 가까운 황해남도 지역이다.

　　과거부터 '간척'은 우리 한반도의 부족한 영토를 넓혀주는

그림 140 북한 서해안의 주요 갯벌 훼손(간척) 지역

소중한 기술이었다. 그러나, '갯벌'의 역할이 이제는 해산물 공급처를 넘어 수많은 생명의 보고, 탄소 저장고, 새들의 서식지 등으로 넓게 인식됨에 따라 갯벌의 보호에 대한 국제적 공감대가 확장되고 있다.

우리나라에서도 오랜 간척의 역사가 있었다. 고려시대부터 간척에 대한 기록이 남아있을 정도로, 비단 최근의 일은 아니었다. 세계 최대 방조제인 새만금 방조제를 만들어 갯벌을 마른 땅으로 만들기도 했고, 인천국제공항도, 송도국제도시도 간척으로 만들어진 공간이다. 그럼에도 새만금 간척사업의 환경적 논의 이후 간척에 대한 비판적 의견이 강화되고, 갯벌 생태계 보호에 대한 목소리가 커지고 있다. 더 이상 이전까지와 같은 간척사업이 실현되기는 어려울 것이다.

북한에서는 아직 이러한 목소리가 크진 못하다. 통일 한반도 영토의 절반이 과거의 시각으로 관리되고 있다고 볼 수 있다. 갯벌이 간척되고 나면 되돌리는 것은 불가능에 가깝다. 한반도 고유의 생태계와 자연유산이 우리가 보기도 전에 사라질 위험에 처한 것이다. 이제는 북한의 갯벌 훼손에 대해 경각심을 가질 필요가 있다.

북한 갯벌 보호의 필요성

김필주 평양과학기술대학 부총장은 2021년 송도국제도시에서 열린 국제 심포지엄에 참석해 '식량안보에 대한 기후변화 시대의 효과와 지속 가능한 갯벌 관리'에 대한 연구 결과 발표에서 "북한을 포함한 한반도는 세계 1위의 생물다양성을 자랑하는 거대한 갯벌을 형성하고 있다. 195종의 다양한 해양생물을 보유하고 있는 한반도 갯벌이 이산화탄소를 획기적으로 줄일 수 있는 대안으로 떠오르고 있다"라고 기후변화로 전 세계가 큰 고민을 하고 있는 현상을 지적하며 이같이 강조했다. 이어 "평양과기대와 겐트대학교 글로벌 캠퍼스와의 공동연구 과정에서 갯벌에 서식하는 미세한 크기의 규조류가 연간 약 1,900만 톤의 이산화탄소를 흡수할 수 있는 잠재적인 능력을 갖추고 있다는 것을 발견했다"라면서 "우리 남한과 북한의 갯벌을 합하면 더 많은 블루카본(탄소를 흡수할 수 있는 갯벌) 지역을 확보할 수 있어 생태계를 치유할 수 있다"라고 분석했다.

이 결과는 2018년 현재 국내 자동차 이산화탄소 총배출량이 약 5,000만 톤임을 감안할 때 갯벌 규조류는 총이산화탄소의 38.4%에 해당하는 탄소를 제거할 수 있다는 의미로 유럽연합(EU)에서 정한 2030년 자동차 이산화탄소 배출량 목표인 37.5%를 상회한다. 김 부총장은 "그동안 인류는 생태계에 너무 많은 훼손을 입혀온 결과 기후변화로 인한 세계적 천재지변 등을 겪어 왔다", "세계가 이제 갯벌의 중요성을 인식하면서 갯벌 복원을 서두르기 시작했고 이제는 갯벌의 보존에 대해 더 중점을 두고 지속 가능한 이용 방법을 논해야 한다"라고 덧붙였다.

IV

우주에서 본 한반도의 모습들
– 북한 군사·정치

북한은 오늘도
핵실험 중?

북한의 핵시설은 어디에?

전 세계가 북한이란 작은 국가 혹은 지역을 생각보다 많이 알고
있는 것은, 아무래도 북한의 잦은 군사도발과 하지 말라는 핵무
기 개발을 계속 시도하고 있기 때문이다.

북한의 본격적인 핵 개발은 1980년대부터였다. 다만 그 야
욕은 1950년대부터로 봐야 한다는 시각이 많다. 실제로 휴전
이후 1950년대부터 소련으로 핵물리학도를 유학시키기도 했
고, 1960년대에는 영변에 핵 연구단지를 조성하였다. 그 이후

진행에 대해 소문은 무성했으나, 1989년 9월, 프랑스의 인공위성인 SPOT-2호가 팩트체크를 해주었다. 인공위성의 기술적 진보와 역할이 확대되면서 북핵 문제가 드러나기 시작한 것이다. 그럼에도 1980년대 소련을 비롯한 공산권 체제의 붕괴가 결국 자체 핵 개발에 불을 지폈다.

그들은 왜 이렇게 핵에 집착하고 있을까. 남과 북이 대치되어 있는 현 상황에서 군사적으로나 경제적으로 균형이 맞지 않으니 이를 만회할 만한 수단으로 핵무기를 활용하고 있다고 볼 수 있다. 또한, 현재의 체제를 유지하기 위한 최후의 수단으로도 생각할 수 있다.

그럼, 핵무기 개발과 실험을 하는 곳들은 어디에 있을까. 인공위성이 활성화된 이후 북한의 비밀 핵실험들은 타의적(?)으로 공개되고 있다. 그들은 공개하지 않고 인정하지 않아도, 많은 인공위성이 그들의 활동을 체크하고 있다.

'영변의 약산 진달래꽃'으로 익숙한 지역인 '영변', 앞서 잠시 언급한 대로 영변은 북한의 대표적 핵시설단지이다. 하필 시인 김소월 선생이 그 근처에 살면서 우리는 가보지 못했지만, 모두에게 익숙한 지명이 돼버렸다. 그 외에도 북한에는 우라늄

농축시설이나 우라늄 광산, 원자로, 핵폐기물 저장소 등 핵 관련 다양한 시설들이 전국에 위치한다. 언론에 자주 등장한 풍계리 핵실험장과 우라늄 채광으로 유명한 평산광산이 대표적이다. 이 시설들은 전 세계가 인공위성으로 지켜보고 있고, 오늘 우리도 그들의 동의 없이 살펴보도록 한다.

그림 141 북한의 주요 핵시설 위치와 현황

북한 핵시설 우주에서 몰래 보기

지금까지 북한의 핵실험은 여섯 차례로 보고되고 있는데, 그뿐일까? 북한은 1차 핵실험 이전에도 수많은 고폭실험(핵기폭장치 개발)을 해왔으며, 이를 통해 핵무기의 성능을 확인해 오고 있다. 핵실험과 핵무기 개발에 앞서 고폭실험이 선행되는 경우가 많다. 즉 알려진 여섯 번의 핵실험 외에도 많은 노력(?)들이 있었다는 것!

핵폭발의 위력은 TNT 환산 ton으로 표기하는데, 대체로 천 ton 이상이라 킬로톤^{kt}으로 표기한다. 북한의 1차 핵실험은 불과 1kt 미만의 작은 폭탄 수준이었으나, 회를 거듭하면서 강해져 6차에 이르러서는 50~100kt, 일각에서는 최대 300kt까지도 예상하고 있다. 1945년 히로시마에 투하되었던 원자폭탄의 위력이 15 TNT kt, 나가사키에 투하된 원자폭탄은 20 TNT kt 수준이었던 것이니, 북한이 보유한 핵무기는 그 이상의 궤도에는 올랐을 수 있다. 북한의 핵실험도 '실험'이기 때문인지, '실험에는 그 자체의 생명이 있다' 라는 세계적 과학기술 철학자 이언 해킹$^{Ian Hacking}$의 명제처럼 실험을 통해 기술이 진화되고 있는 것으로 보인다.

그럼, 이 핵실험들은 어디서 있었을까. 북한 핵 연구의 고장이 '영변'이라면, 핵실험의 중심지는 역시나 '풍계리'였다. 거기다 핵실험과 핵무기 개발에 주원료가 되는 우라늄 채굴은 '평산광산'이 대표적이다. 세 곳을 우주에서 파헤쳐 보자.

　먼저, 영변은 북한에서 핵시설의 종합선물(?) 세트 같은 곳이다. 북한 전체 핵시설의 70% 이상을 차지하는 그야말로 핵무기 개발의 심장부이다. 단지의 면적은 여의도(제방 안쪽 기준) 보다 3배 이상 큰 8.9㎢나 된다. 핵물질을 만들어 내는 5MW 원자로와 핵연료 가공공장, 사용후 핵연료를 재처리해 무기용 핵물질을 만드는 방사화학실험실, 우라늄 농축시설 등이 들어서 있다. 생산 및 연구시설뿐 아니라 지원 부대와 경계시설 등 400여 개의 건물이 있다고 한다. 2007년 6자 회담 진행 중 시설 불능화 조치가 진행되어 2008년 냉각탑 폭파 퍼포먼스(?)가 있기도 했다. 하지만 2009년 바로 2차 핵실험이 진행되었다는 안타까운 이야기. 영변은 워낙 핵시설의 중심지이므로 비핵화 조치와 대북 제재 등으로 잦은 중단과 가동을 경험한 곳이기도 하다. 그래서 영변은 지금 바쁜 것일까. 폭발이나 대규모 이동 등의 현상이 인공위성에서 확인되진 않았다. 다만, 일부 국내외 연구소에서 경수로 냉각수로 인해 겨울철 구룡강의 얼음이 녹는 현상과 열적외선 관측에서 원자로 온도가 높게 관측되고 있다는 분석이 이어지고 있다. 역시나 영변은 여전히 바쁘다.

북한 영변 핵시설 현황

IRT-2000 연구용 원자로
영변 핵 연구소
지원 시설
5MW 원자로
핵연료 저장소
실험용 경수로(ELWR)
구룡강
50MWe 원자력 발전소 (1994년 건설중단)
지원 시설
폐기물 저장고
방사 화학 실험실 (사용 후 핵연료 재처리 시설)
재처리동
폐연료봉 관리동
액체폐기물 저장고
화학물질 저장소
재처리 지원 시설
지원 시설
지원 시설
원심분리기 공장
핵연료봉 가공 시설 우라늄 농축 시설
동위원소 분리시설

영변 • 북한 평양 • 남한

우라늄농축/핵시설
원자로/경수로
핵폐기물 저장소
폭발 실험시설
대학/연구소
우라늄농축/핵시설

그림 142
영변 핵 연구단지 전체 현황

그림 143 영변의 주요 핵시설 밀집 지역

여섯 차례 진행된 핵실험 이후, 북한은 지금 여전히 핵실험을 하고 있을까? 답을 찾기 위해 먼저 풍계리로 가보자.

풍계리는 핵실험의 아이콘Icon답게, 1차부터 6차까지의 핵실험이 모두 이루어졌다. 풍계리는 해발 2,205m의 만탑산을 비롯해 기운봉, 학무산, 연두봉 등 해발 1천m 이상의 높은 산들이 둘러싸고 있다. 암반 대부분이 화강암으로, 핵실험 이후 발생하는 각종 방사성 물질의 유출 가능성도 크지 않아 핵실험 장소로 낙점된 것으로 보인다. 실험장의 지하 갱도는 여러 갈래로 뻗어있고 방사성 물질이 새어 나오지 않도록 달팽이관 형태로 건설했으며 두꺼운 격벽을 함께 설치한 것으로 추정되고 있다. 첫 핵실험은 풍계리의 동쪽 갱도에서, 2차·3차 핵실험은 북쪽 (구 서쪽) 갱도에서 이뤄졌으며 4차, 5차, 6차 핵실험은 북쪽 갱도에서 진행된 것으로 확인된다(그림 144). 일부 전문가들은 풍계리 핵실험장이 백두산 지하 마그마 지대와 인접하여 북한의 잦은 핵실험이 백두산 화산에 영향을 줄 가능성이 있다고 이야기한다.

그림 144 　풍계리 핵실험장 주변 모습과 핵실험 위치들

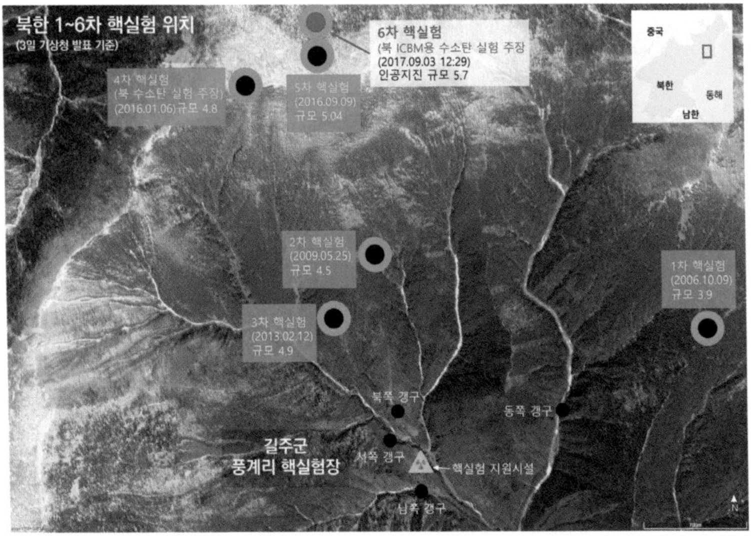

6차 핵실험 이후 많은 일들이 있었다. 대북제재와 판문점 선언, 다시 강화된 대북제재, COVID-19 팬데믹까지. 그 과정에서 풍계리는 어떻게 변했을까. 지하갱도는 확인할 수 없지만, 주변 시설은 조금 변한 것들이 확인된다. 먼저 2018년과 비교했을 때, 일부 도로들이 산사태나 다른 문제로 도로가 봉쇄되었는데 별다른 조치를 취하지 않는 것으로 보인다. 지원시설로 사용되던 건물도 없어지고 빈 땅이 되기도 했다. 이러한 토지의 사용변화는 최근에는 풍계리 핵실험장을 사용하지 않거나 필

그림 145-146　풍계리 핵실험장 내의 한 언덕 (좌: 2018년 5월, 우: 2022년 5월)
그림 147-148　풍계리 핵실험장 내의 한 건물 (좌: 2018년 5월, 우: 2022년 5월)

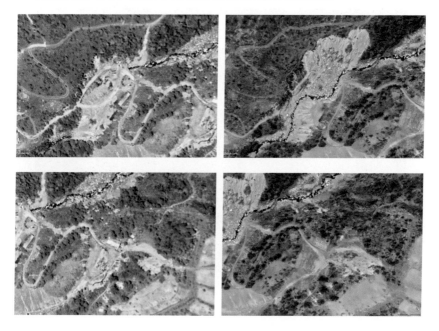

요하지 않다는 것을 보여준다. 그럼, 이것으로 북한의 핵실험을 멈춘 것으로 볼 수 있을까?

그렇다면 원료인 우라늄 채굴 현장은 어떨까. 황해북도 평산군에 위치한 평산광산에서는 대북제재와 핵실험 중단에도 심상치 않은 분위기가 확인되고 있다. COVID-19 팬데믹 직전인 2019년 12월과 2022년 영상을 비교해도 평산광산에서 새로운 시설물들이 보이고 있다(그림 149-150). 갱도 주변이므로 채굴과 직적접인 관련이 있는 시설임이 분명하다. 광산주변 큰 연못인 광미연못에서는 채굴활동으로 인한 수질오염이 자주 관찰되어 왔는데, 대북제재와 펜데믹이 한창인 2022년에 폐수누출이 늘어난 것이 분명히 드러난다. 특별히 폐수가 많이 나온 것이 아니라면, 우라늄채굴에 원인이 있다. 지하채굴이 확대될 경우 광산주변에 싱크홀이 발생할 수 있는데, 평산광산에 싱크홀 증가도 관찰된다(그림 153-154). 주변에 큰 건물이 없고, 자연지진 등이 발생하지 않았으니, 지나친 갱도의 확장으로 지상부에 싱크홀이 발생했을 것으로 예상할 수 있다. 핵실험은 쉬고 있는데, 우라늄 채굴은 더 활발해진 것으로 보인다. 우주에서 몰래 봤을 때 그렇다는 것이다.

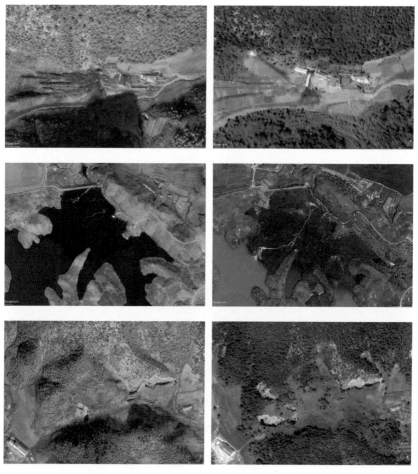

그림 149-150   평산광산 지원시설의 변화 (좌: 2019년 12월, 우: 2022년 9월)
그림 151-152   평산광산 주변 광미연못의 수질변화 (좌: 2019년 12월, 우: 2022년 9월)
그림 153-154   평산광산 내 한 언덕의 모습 (좌: 2019년 12월, 우: 2022년 9월)

2020년대 북한은 핵실험 외에도 미사일을 통한 군사도발이 잦다. 특히 대륙간탄도미사일 등 장거리 미사일에 핵무기를 탑재하겠다는 그들의 생각이다. 최근 미사일 발사가 잦은 곳은 평안북도 철산군에 위치한 서해위성발사장(동창리 위성발사장)이다. 여기서 진행된 미사일 발사 준비작업이 인공위성으로 포착되기도 했다.

2022년 8월과 비교하여 12월의 영상에서는 발사대 옆에 발사대를 이루는 크레인의 일부가 분해된 후 배치된 모습을 볼 수 있다(그림 156-①). 이것은 더 크고 긴 발사체를 수용하기 위해 발사대를 개조하는 과정이 진행되었음을 의미한다 볼 수 있다. 또한 8월에 없던 구조물이 입구 근처에 설치된 모습이 보인다(그림 156-②). 이것은 물품 운반을 위한 레일 장착 운송수단으로 예상된다. 그림 156-③을 보면 8월보다 12월에 특정 물체들이 발사장 한쪽에 더 많이 놓여있음을 알 수 있는데, 이는 레일 장착 운송수단이 더 많은 물품을 운반하기 위해 측면 패널들을 제거한 후 적치한 것으로 보인다.

발사장의 동남쪽에 위치한 수직엔진과(그림 158-①) 수평엔진을(그림 158-②) 시험하는 시험장으로 알려져있다. 우선 수평엔진 시험대는 8월엔 없었다가 12월 영상에서 도로와 함께 새로

그림 155-156   서해위성발사장 시설 변화 (좌: 2022년 8월, 우: 2022년 12월)
그림 157-158   서해위성발사장 시험대 시설 변화 (좌: 2022년 8월, 우: 2022년 12월)

만들어졌다. 근처에 차량으로 보이는 형체들이 존재하는데, 이는 발사시험을 수행 혹은 참관한 인원들이 촬영되었을 수 있다. 수직엔진 시험대도 8월과 비교했을 때 모습이 바뀐 것으로보이며, 미사일 시험과 발사가 적극적으로 이루어지고 있는 모습이다.

  그래서 지금 북한이 핵실험 중인 것일까? 2023년 기준, 대대적인 혹은 기존의 방식대로 핵실험을 하고 있는 것으로 보이진 않는다. 그럼에도 우라늄 채굴이나 핵시설의 움직임 등을 고려할 때, 핵무기 개발과 핵시설의 운용은 역시나 '진행 중'인 것으로 보인다. 이렇게 공들이는 핵무기의 수혜는 누구에게 돌아갈 수 있냐는 물음에 적어도 북한 주민은 아니라는 데 저자는 확신을 갖는다. 핵이라는 야욕과 집착이 가져올 미래는 그다지 밝지 않다. 70여년 분단의 역사가 말해주고 있다.

풍계리

무수단리

동창리

용연군

그 많던 정치범들은
어디에 있을까?

북한의 정치범들이 사는 곳

정치범, 정치범은 어떤 사람들을 말하는 용어일까? 사전적 의미는 정치적인 활동을 이유로 투옥된 사람들인데, 일반 국가에서는 정치·도덕·종교적 신념에 기초하여 발생한 정치적 혐의로 인해 투옥된다. 반면 일부 독재국가에서는 해당 국가 체제에 반하는 신념을 갖거나 장기적으로 위협이 될 수 있는 사람들을 투옥하게 되며, 북한이 대표적 사례이다.

이러한 정치범들이 투옥된 곳을 흔히 '정치범 수용소'라고 부르는데, 사실 이는 북한의 공식적인 명칭은 아니다. 북한에서는 '관리소', '통제구역', '이주구역', '유배소' 등 다양하게 부르고 있으며, 정치범 수용소의 존재도 인정하진 않고 있다. 하지만, 많은 탈북자들의 증언과 정보들에 근거하여 이곳들이 실질적으론 정치범 수용소라는 것을 남쪽 사람들, 그리고 세계 사람들은 알고 있다.

일반 국가의 보통 범죄자들과 다른 점은 체제에 반하는 사람들을 재판절차 없이 집단 수용하고 있는 점이다. 추산 중인 수용인원만 약 20만명으로, 하나의 도시 전체가 수용소라고 볼 수 있는 규모이다. 북한 전체 인구의 약 0.8%에 이른다.

역시나 정치범 수용소는 인권문제가 도마에 오르내린다. 미국 국무부에서 발표하는 '국가별 인권보고서Country Reports on Human Rights Practices-북한편'에서 북한 정권이 정치범수용소에서 아무런 사법절차 없이 살인과 고문 등을 자행한다고 기술하고 있다. 아울러 정치범수용소에 구금된 사람들 중 상당수가 강제노동, 식량 부족, 구타, 비위생적인 환경 등으로 인해 구금 중에 사망하거나 석방 직후 사망했다고 지적하고 있다.

수용소는 대체로 평안남·북도, 함경남·북도, 자강도 등 지형과 산세가 험한 지역에 주로 위치하고 있다. 파악되기로는 10여개의 정치범수용소가 있는 것으로 예상되는데, 위치가 파악되는 곳은 그림 159의 지역이 대표적이다. 정치범수용소도 형태나 운영방식이 조금씩 다르다. 특히 마을 형태의 수용소가 다수를 이루어 멀리서 보았을 땐 그저 마을로 착각할 수 있다.

그림 159　정치범수용소들의 위치 (출처: 통일부 북한인권포털)

표 6 **수용소 관리 및 관리현황**

	개천 14호 관리소	요덕 15호 관리소	명간 16호 관리소	개천(구북창) 18호 관리소	청진 25호 관리소
형태	마을	마을	마을	마을	구금시설
구역구분	완전통제 구역	혁명화구역 완전통제 구역	완전통제 구역	이주민 (별도 구분 없이 수용)	교화소 식
사회복귀	불가능	불가능, 가능	불가능	불가능, 가능	불가능, 가능
가족동반 여부	가족동반	본인 /가족등반	가족동반	본인 /가족동반	가족동반
관리주체	국가보위성	국가보위성	국가보위성	인민보안성	국가보위성

우주에서 본 정치범 수용소

아무리 마을처럼 꾸며서 티가 나지 않는 수용소여도, 우주에서 찾아낼 수 있다. 물론 탈북민들의 증언과 여러 소식들을 통해 개략적인 위치를 알게 되면 훨씬 수월하다. 우주에서 찾아낸 수용소들을 들여다 보자.

함경남도 요덕군에 위치한 요덕 정치범수용소의 모습(그림 160)은 주택단지와 학교들이 모여있는 여느 마을 같다. 주변에 농경지나 노동시설도 함께 보여 수용자들이 강제노역을 하는

그림 160   인공위성에서 본 요덕 정치범수용소 수용공간(2022년 5월)

공간으로 예상할 수 있다. 물론 수용소에도 전기가 필요하니 작은 수력발전시설도 확인된다. 그럼에도 마을을 둘러싼 긴 울타리는 이곳이 일반 마을이 아닌 수용소라는 것을 알게해준다.

이번엔 구금시설 형태인 청진수용소로 가볼까. 청진 정치범수용소는 함경북도 청진시에 위치한 수용소로, 약 5,000명을 수용할 수 있는 것으로 예상한다. 자전거 제작 노동을 시킨다는 점이 청진만의 특징(?)이다. 2010년대에 확장공사 이후 면

그림 161-162 요덕 정치범수용소 북쪽 일대(좌)와 상화덕 부근(우)

적은 약 1000m2이며 울타리를 따라 17개의 감시초소가 추가로 세워지기도 했다. 규모 자체는 큰 편이 아니지만 1급 정치범 수용을 위한 공간이라는 차별성이 있다. 그림 163에서 보다시피 주 수용공간이 하나의 성Castle처럼 만들어져있다. 중앙에 수용자 거주공간이 위치하고 주변에 지원시설이 있는 것으로 보인다. 주변 농경지를 많이 개간하여 식량도 자체조달할 것으로 예상해볼 수 있다. 수용자들의 무보수 노동력이 있으니. 청진에는 보안등급이 특별히 더 높은 감옥이 존재하는 것으로 보인다. 그림 164의 붉은 원이 해당 시설로, 2010년에 증축된 시설물이다. 역시나 특별한 분들이 많이 모셔둔 수용소임이 분명하다.

명간 정치범수용소, 혹은 화성 정치범수용소는 함경북도

그림 163   인공위성에서 본 청진 정치범수용소 주 수용공간(2023년 5월)
그림 164   청진 수용소의 남쪽 보안시설

명간군에 위치한 정치범수용소로, 공식 명칭은 16호 관리소이다. 풍계리 핵실험장이 가까운 위치에 있어 수용자들을 핵실험에 동원하는 것으로 예상된다. 면적으로는 수용소 중 전세계 최대 수준을 자랑(?)한다. 인공위성을 통한 추산으로는 동서 길이 30km에 남북 20km 가까이 되는 너비로 확인되니 실로 어마어마하다(서울 전체 면적의 90% 수준). 주시설에도 하나의 도시급으로 수용시설들이 위치하고(그림 165), 지휘부들이 사용하는 것으로 보이는 공간도 독자적인 시설처럼 마련되어 있다(그림 166).

그림 165   인공위성에서 본 명간 정치범수용소 주 시설(2022년 10월)

그림 166　명간 정치범수용소 지휘부(2022년 12월)

　　마지막으로 14호 관리소로 불리는 개천수용소는 평안남도 개천시에 위치한다. 대동강 유역에 위치한 이 수용소의 가장 큰 특징은 혁명화 구역이 존재하지 않고 종신형과 사형자들만 모아놓은 완전통제구역으로, 탈출이 거의 불가능하다고 전해진다. 그들의 사상에서 교화가 불가능하다고 분류된 정치범들을 사회로부터 격리시키기 위한 목적으로 만들어졌다. 개천정치범수용소의 수감자들은 한 번 수용되면 석방이 원천적으로 불가능하고, 사망 직전까지 고된 노동에 시달리게 된다. 수감자들은 외부 세계와 철저히 격리되어 생활하며, 남자, 여자 청소년별로 분리된 막사에서 생활하는 것으로 알려졌다. 약 15,000명 정도의 정치범들이 수용된 것으로 추산되고 있다. 인공위성으로 보았을 땐, 서울의 고가 아파트단지 '한남 더 힐'과 유사한 느낌을 주지만, 실제로는 한반도에서 가장 무서운 공간이다. 그림 167에서 파란색 지붕으로된 건물들은 관리소 본부이며, 그 근처 주택들이 수감자 숙소이다.

그림 167 인공위성에서 본 개천 수용소의 본부와 수감자 숙소(2020년 11월)

모두를 위한 인공위성

21세기를 살아가며 '인공'이라는 단어가 참 자주 등장한다. 인공지능Artificial Intelligence은 이미 우리 사회의 큰 영역이 되어버렸고, 인공장기Artificial Organs, 인공호흡, 인공수정 그리고 인공눈물까지. 진품眞品을 원하고 자연스러움을 지향하는 인간들에게 왜 이렇게 인공이 많을까. 인공 XXSomething를 만드는 기술은 대부분 인간을 살리고 더 안전한 삶을 영위하기 위함이었다. 즉, 모두를 위한 기술이다. 그 중에서 가장 특별한 인공 XX를 만드는 기술로는 인공위성이 아닐까 싶다. 왜냐면, 인류에게 단 하나밖에 없던 위성을 수만 개로 증폭시킨 기술이므로.

지금도 대한민국의 정보기관이나 연구소, 국내뿐 아니라 미국 등 서방의 여러 기관들이 인공위성으로 북한을 지켜보고 있다. 물론 분단된 상황이며 군사·정치적으로도 긴장 상태이니 군사적 이유가 있으나, 한반도를 지켜보는 것은 비단 그 이유만은 아니라는 것을 우리는 이 책으로 살펴보았다. 냉전시대 시작된 우주기술이 국방·군사를 위해 출발했지만, 지금은 '모두를 위한 기술'로 자리잡고 있다.

한 가지 사례를 보자. 2017년, 나와 몇 가지 기관이 모인 컨소시엄 프로젝트 회의를 하던 중 제안서Proposal 주제에 고민이 되자 한 기업 대표님이 이런 이야기를 했다. "제가 천기누설天機漏洩을 하나 하겠습니다. 내년에 '디지털트윈Digital Twin'이 뜰 겁니다." 당시만 해도 디지털트윈이 무엇인지 이해하고 있는 학자들은 흔치 않았다. 당시 그 아이디어는 채택되지 못했지만, 천기누설은 사실이었다. 실제로 2018년부터 디지털트윈은 공간정보 분야의 핫이슈가 되었다. 최신기술 변화 주기를 분석하여 전 세계에 제공하는 미국 컨설팅기업 가트너^{Gartner}의 Hype Cycle 2018에서도 '기대의 정점^{Peak of Inflated Expectations}' 가장 높은 곳에 디지털트윈이 당당히 올라섰다. 물론, 이후 기대는 다소 감소하였으나, 산업 전 분야로 영역이 확대되면서 안정화를 향해 가는 중이다.

여기서 말하는 디지털트윈은 무엇인가. 현실 세계를 디지털 세계에 거의 동일하게 구현하는 기술을 말하며, 주로 디지털 공간에서 시뮬레이션을 통해 현실 세계에 발생할 수 있는 문제를 사전예방하고 해결하는데 활용되고 있다. 최근 주목받는 스마트시티나 자율주행 등에 이러한 디지털트윈 기술이 꼭 필요한데, 이 디지털트윈에 핵심재료가 바로 인공위성 영상이다. 최신의 인공위성은 높은 공간해상도로 지구 각 지역을, 그리고 같은 지역을 반복적으로 관측하여 시간의 흐름에 따른 공간의 변화를 면밀히 파악할 수 있기 때문이다. 인공위성을 활용하는 것은 더 이상 상대국의 미사일과 군사동태를 확인하는데 그치지 않으며, 산업전반에 핵심 기술로 확장되고 있음을 보여준다.

지금 북한은 어떠한가. 봄철엔 극심한 가뭄으로, 여름에는 호우와 태풍에 몸살을 앓다가, 어느새 무더위가 북위 38도를 넘어 한반도 북쪽에도 폭염이 증가하고 있다. 황폐화된 산림이 산사태와 홍수, 가뭄, 식수문제 등의 원인으로 지목되며 산림복원에 한창이지만, 여전히 충분한 복원이 이루어지지 않고 있다. 생활 인프라나 거버넌스는 특별히 언급하지 않아도 심각성을 모두 이해할 것이다. 기후재난과 생태계, 식량, 건강, 도시체계 등의 복합적 문제는 결국 주민들의 생계와 북한 전반의 지속가능성을 침해하고 있다.

이러한 상황에서, 통일 한반도가 되면 북한을 보고 있는 인공위성들은 어떻게 될까. 2023년 우주로 간 우리나라의 정찰위성과 앞으로 운용될 다양한 군사 정찰위성들을 포함해서 말이다. 한 가지 장담하건대, 통일이 오거나 군사적 긴장감이 줄어든다고 한반도에서 인공위성의 역할이 사라지거나 줄어들진 않을 것이다. 군사적 이용과 주민을 위한 활용은 한 끗 차이에서 발생한다. 동일 인공위성에서 관측한 똑같은 정보는 조금의 시각만 달리하면 군사에서 민간으로 그 활용도가 바뀌게 된다. 그 일이 이미 정착되고 있음은 이 책에서 다양한 사례로 확인되었다. 인공위성의 역할은 통일 한반도에서 여전히 유효할 뿐 아니라, 넓어진 우리의 국토를 스마트하게 가꾸고 활용하는 가장 기초가 되어줄 것이다.

이 책은 우주의 인공위성들이 북한에 대한 물음들에 해답을 던진 것이다. 하지만 우리에겐 여전히 많은 물음이 남아있다. 그중 하나만 묻는다면, 하나 된 한반도를 꿈꾸는 우리는 통일에게 이렇게 묻고 싶다. "What's your ETA? What's your ETA? (출처: New Jeans)

참고문헌

〈연구논문〉

Kim, J., Lim, C. H., Jo, H. W., & Lee, W. K. (2021). Phenological classification using deep learning and the sentinel-2 satellite to identify priority afforestation sites in North Korea. Remote Sensing, 13(15), 2946.

Lim, C. H., Song, C., Choi, Y., Jeon, S. W., & Lee, W. K. (2019). Decoupling of forest water supply and agricultural water demand attributable to deforestation in North Korea. Journal of environmental management, 248, 109256.

Meng, Z., Shu, C., Yang, Y., Wu, C., Dong, X., Wang, D., & Zhang, Y. (2022). Time series surface deformation of changbaishan volcano based on sentinel-1B SAR data and its geological significance. Remote Sensing, 14(5), 1213.

김인선, & 김용표. (2019). 북한의 에너지 사용과 대기오염물질 배출 특성. 한국대기환경학회지 (국문), 35(1), 125-137

이어루, 이하성, 박순천, & 정형섭. (2022). Landsat 위성영상으로부터 Modified U-Net 을 이용한 백두산 천지 얼음변화도 관측. 대한원격탐사학회지, 38(6), 1691-1707.

〈보고서 및 온라인 자료〉

Oak Ridge National Laboratory (https://www.ornl.gov/project/landscan)

Robert Neff Collection (https://www.koreatimes.co.kr/www/opinion/2023/12/715_337052.html)

국가기상위성센터 (https://nmsc.kma.go.kr/)

북한 전기산업 정보포탈시스템 (https://nk.koema.or.kr/main/main.html)

북한지하자원넷 (https://irenk.net/)

조선중앙연감, 2011 (조선중앙통신사)

2022 Country Reports on Human Rights Practices: North Korea (https://www.state.gov/reports/2022-country-reports-on-human-rights-practices/north-korea/)

통계청 국가통계포털 (http://www.kosis.kr/)

통일부 북한인권포털 (https://www.unikorea.go.kr/nkhr/)

한국항공우주연구원 (https://www.kari.re.kr/kor.do)

우주에서 본 한반도
북녘을 향한 물음에 인공위성이 답하다

1판 1쇄 인쇄 2023년 12월 29일
1판 1쇄 발행 2024년　1월 15일

지은이 임철희
기획 국립통일교육원
펴낸이 김영곤
펴낸곳 (주)북이십일 21세기북스

TF팀 이사 신승철
TF팀 이종배
출판마케팅영업본부장 한충희
마케팅1팀 남정한 한경화 김신우 강효원
출판영업팀 최명열 김다운 김도연
제작팀 이영민 권경민
디자인 다함미디어 | 함성주 유예지

출판등록 2000년 5월 6일 제406-2003-061호
주소 (10881) 경기도 파주시 회동길 201(문발동)
대표전화 031-955-2100 **팩스** 031-955-2151 **이메일** book21@book21.co.kr

© 국립통일교육원, 2023

ISBN 979-11-7117-324-2 03300

(주)북이십일 경계를 허무는 콘텐츠 리더

21세기북스 채널에서 도서 정보와 다양한 영상자료, 이벤트를 만나세요!
페이스북 facebook.com/jiinpill21 포스트 post.naver.com/21c_editors
인스타그램 instagram.com/jiinpill21 홈페이지 www.book21.com
유튜브 youtube.com/book21pub